고려왕조실록 1

태조~인종 편

차례
Contents

『고려왕조실록』을 엮으며 4

태조(太祖) - 고려왕조의 시작, 분열에서 통일로 8

혜종(惠宗) - 고려왕조의 여명, 나약한 국왕과 치열한 후계자 싸움 19

정종(定宗) - 큰 뜻을 품었던가, 그저 꿈을 꾸었는가 28

광종(光宗) - 개혁의 때를 기다린 냉철한 국왕 35

경종(景宗) - 고려왕조의 새벽, 새로운 시작 46

성종(成宗) - 국초의 혼란을 딛고 국가 체제를 정비하다 54

목종(穆宗) - 고려왕조의 아침, 수난과 전쟁의 시대 66

현종(顯宗) - 고려의 기틀을 다진 중흥 군주 74

덕종(德宗) - 고려왕조의 정오, 태평성대를 꿈꾸다 87

정종(靖宗) – 거란과 화친을 맺어 고려의 평화를 얻다 **94**

문종(文宗) – 고려의 '해동천하'를 이끌어낸 군주 **101**

순종(順宗) – 고려왕조의 오후, 외척의 시대, 개혁의 길 **110**

선종(宣宗) – 안정된 징검다리, 고려의 전성기를 잇다 **115**

헌종(獻宗) – 숙부의 그늘에 가려진 어린 군주 **123**

숙종(肅宗) – 친조카의 왕위를 찬탈한 국왕, 부국강병을 꿈꾸다 **130**

예종(睿宗) – 문치(文治)와 무위(武威)를 겸비한 부강한 나라를 꿈꾸다 **139**

인종(仁宗) – 고려왕조의 폭풍전야, 문벌귀족과의 경쟁과 대결 **149**

『고려왕조실록』을 엮으며

 우리 민족은 세계사에서 보기 드문 반만년 이상의 유구한 역사를 가지고 있고, 단일 민족 국가로서의 문화 전통을 이어 왔다. 이 과정에서 국가에 대한 충성, 부모에 대한 효도가 중시되고 두레, 계, 향도와 같은 공동체 조직이 발달하는 등 우리 민족의 특수성이 나타났다. 또한 그러한 특수성을 바탕으로 우리는 다양한 민족과 함께 대한민국이라는 나라에서 삶을 영위해 왔다. 나아가 우리는 다양성과 다원성에 기반한 다원주의를 마주하고 있다. 그리고 여기에서 나타나는 여러 문화의 복합성도 우리가 추구할 수밖에 없는 현실이다.

 다원주의를 표방한 국가와 사회가 유지될 수 있는 것은 각

개체들이 차이점을 지니면서 유지되는 상태의 다원성과 함께 각 개체가 서로 대립 경쟁하면서 그것을 유지하는 통합성(조화)을 동시에 갖기 때문이다. 통합성은 다양한 사상과 문화가 공존하면서, 거기에서 나타날 상호 모순 및 갈등과 대립을 방지하고 조화와 균형을 유지하는 역할을 한다. 또한 다양한 사상과 문화를 융합하여 새로운 문화를 창조하는 역할을 한다. 통합성은 복합적이면서 층위가 다른 여러 개체 사이의 조화와 균형, 융합과 창조의 역할을 한다.

그런 면에서 고려왕조는 다른 왕조보다 도드라진 면이 보인다. 특히 개방성과 역동성은 어느 역대 국가보다 강렬했다. 자율과 경쟁을 통해 융화와 통합, 이에 기반한 공존은 동일성을 지향했다.

이에 대해 필자의 스승이자, 원로 고려시대 연구자인 박종기 교수는 고려왕조의 특성에 대해 정치·사상·문화·사회·신분 등에서 다양한 여러 요소들이 서로 충돌하거나 대립하지 않고 공존하는 형태의 다원성을 특징으로 하며, 다양한 인간집단과 사회조직, 다양한 사상과 문화에 의해 이끌린 다원사회라는 것을 지적했다. 그것은 사상과 문화에서 다양성과 통일성을 지닌 모습으로, 대외적으로는 개방적이고 대내적으로는 하층민의 정치진출이 활발한 역동적인 모습으로 구체화 된다고 보았다(『새로 쓴 5백년 고려사(개정판)』 휴머니스트, 2020).

그러한 요소는 '국가정책과 의례[팔관회 연등회]와 지방 공동체 의례[향도·성황·신앙]를 통한 통합이데올로기', '특수계층[문벌·관료·지방유력자·부곡제 지역민·상인·수공업자 등], 특정시기[문종대·의종대 등], 특정인물[김부식·윤언이·정지상 등], 특정지역[서경·동경·남경]을 통한 시 공간적 변화과정', '사상적[불교·유교·도교·민간신앙] 접근을 통한 지역의 공동체 결속과 통합과정의 추이', '문화사적 접근[공예·불화·불상·석탑 등]을 통한 중앙과 지방의 다양성', '중앙과 지방사적 관점[대도회와 지방-3경 12목 등]을 통한 지역성과 차이', '대외교류[송·요·금·원·명]와 구성원, 문화 수용의 영향을 통해 찾아볼 수 있다고 했다.

후삼국을 통일한 고려의 출발은 단순한 왕조의 교체 차원을 넘어 중세사회로의 전환을 의미하는 것이었다. 또한 고려가 500년을 이어오는 동안 세계는 여러 변화가 있었다. 중앙아시아는 이슬람제국의 융성과 당의 번영과 함께 당 중심 문화권이 동아시아를 지배하면서 우리는 남북국 시대로, 신라와 발해가 쇠퇴하면서 고려에 통합되었고, 중국 대륙은 5대 10국으로 나누어져 있다가 송, 요, 금, 원, 명으로 이어졌다. 이들과의 문화 교섭을 통해 다양성과 다원성이 확장되었고, 거란과 몽골, 그리고 홍건적의 침입이 있었으나, 대외 실리 외교정책과 함께 고려민들의 저력으로 끝내 이겨내어 고려의 자존의식을 지킬 수 있었다.

이처럼 우리 역사와 문화의 다양성과 다원성의 근원을 이해하는 일은 고려왕조뿐만 아니라 한국사를 바르게 인식하는 데 기초가 된다. 나아가 우리가 민족과 문화에 대한 역사적 자존심을 잃지 않고 세계에 공헌하는 데에도 필요하다.

　이 『고려왕조실록(1·2)』은 삼한일통(三韓一統)을 이룩하고 '해동천자국(海東天子國)'을 지향한 고려왕조의 역사인 476년간의 태조 이래 공양왕대까지 34대 국왕의 삶과 행적, 정치행위를 요약한 것이다. 고려왕조를 대중 개설서로 특히 문고판 2권으로 출판한다는 것은 무모한 것이다. 이는 필자의 능력으로 이루어진 것이 아님을 밝혀둔다. 그동안 고려시대 연구자가 이룩해 놓은 수많은 연구성과에 힘입어 완성할 수 있었다. 하나하나 각주나 참고문헌으로 표기해야 하나 여건상 그리하지 못한 점이 못내 아쉬울 따름이다.

　이 책이 나오기까지 오랫동안 노심초사하며 기다려 준 살림출판사 심만수 대표님과 아담한 책으로 꾸며주신 편집팀 담당자께 고마움을 전한다.

2024년 유난히 무더웠던 여름날에
양평 동막골 耳谷書室에서 홍영의 쓰다.

태조(太祖)

고려왕조의 시작, 분열에서 통일로

후삼국을 통일한 고려의 건국자

고려를 세워 후삼국을 통일한 태조는 고려 1대 국왕으로 이름은 건(建). 자는 약천(若天)이다. 877년(헌강왕 3)에 태어나 943년(태조 26)에 사망했다. 능은 현릉(顯陵)이며, 시호는 신성(神聖)이다. 아버지는 용건(龍建, 王融)이며, 어머니는 위숙왕후(威肅王后)로 추봉된 한씨(韓氏)였다. 비(妃)는 유천궁(柳天弓)의 딸 신혜왕후(神惠王后), 오다련군(吳多憐君)의 딸 장화왕후(莊和王后), 유긍달(劉兢達)의 딸 신명순성왕태후(神明順成王太后), 황보제공(皇甫悌恭)의 딸 신정왕태후(神靜王太后), 김억렴

(金億廉)의 딸 신성왕태후(神成王太后), 유덕영(柳德英)의 딸 정덕왕후(貞德王后) 등 6비와 23부인 총 29명을 두었고, 그 사이에서 26명의 태자와 9명의 공주를 낳았다.

후고구려를 세운 궁예(弓裔)의 휘하에 있다가 궁예의 실정이 거듭되자 중신들의 추대를 받아 918년(태조 원)에 새 왕조를 열고 국호를 '고려(高麗)'라 했다. 문란해진 토지제도와 조세 경감으로 민심을 수습했으며 유력 호족들과는 혼인정책을 통해 왕권을 안정시켰다. 그리고 불교를 국가의 이념으로 삼아 장려했다. 이후 후삼국 시대의 전란 속에서 신라의 항복을 받고, 이어 견훤(甄萱)이 세운 후백제를 굴복시켜 936년(태조 19)에 삼국통일을 완성했다.

태조는 백성에게 조세를 수취할 때에 일정한 법도가 있어야 한다는 '취민유도(取民有度)'와 각지의 유력 호족들에게 후한 폐백을 주며 자신을 낮추는 '중폐비사(重幣卑辭)' 정책을 통하여 삼한일통(三韓一統)을 달성했다. 태조는 통일 직후 『정계(政誡)』1권과 『계백료서(誡百寮書)』8편을 저술, 중외에 반포했다. 이 저술들은 새 통일왕조의 정치 도의와 신하들이 지켜야 할 절의를 훈계하는 내용으로 현재 전하지 않는다. 또한 왕실의 헌장으로 자손들에게 「훈요십조」를 남겼다.

변방의 젊은 청년, 궁예의 휘하로 들어가다

신라가 고구려와 백제를 꺾고 한반도의 통일을 이룬 때는 668년(문무왕 8)이었다. 이로부터 시작된 통일신라는 8세기 중반을 지나며 점차 혼란에 빠져들었다. 중앙의 귀족들이 왕위와 권력을 둘러싸고 극심한 권력 투쟁에 돌입했고, 시간이 흐를수록 백성들의 삶은 피폐해졌다. 이에 전국적으로 조세 납부를 거부하는 일이 발생했다. 지역별로 유력자들을 중심으로 단결하여 서라벌[慶州]의 신라 조정에서 이탈하는 경향도 더해갔다. 이들은 '호족(豪族)' 혹은 '성주(城主)'·'장군(將軍)'이라 불린다. 전국 각지에서 수많은 호족이 등장했고, 그중 가장 두각을 드러낸 세력은 후고구려를 세운 궁예와 후백제를 세운 견훤이었다. 이들은 각각 현재의 철원과 전주에 근거지를 마련하고 주변의 호족들을 포섭 혹은 제압하며 세력을 키웠다.

궁예가 강원도 일대를 점령하며 기세를 올리자, 그 주변의 유력자들은 자신의 입장을 정해야 했다. 896년(진성여왕 10), 송악은 궁예에게 귀부하는 길을 선택했다. 왕건의 아버지 왕융(王隆)은 "대왕께서 만약 조선(朝鮮)·숙신(肅愼)·변한(卞韓) 땅의 왕이 되고자 하신다면, 먼저 송악에 성을 쌓고 저의 장자를 성주(城主)로 삼는 것만 한 것이 없습니다"라며 궁예를 송악으로 불러들였다. 이에 왕건은 20살의 나이에 송악에 발어 참성(勃禦槧城)을 쌓고 그 성주에 임명되며 궁예의 휘하로 들어갔다. 그리고 송악은 궁예의 첫 도읍이 되었다. 이후 궁예의 판도 점차 지금의 황해도와 경기도 지역까지 영역이 확장되었다.

왕건, 궁예 군사를 이끌고 전장을 누비다

궁예는 자신의 휘하로 들어온 젊은 왕건을 중용했다. 900년(효공왕 4)에 왕건에게 군의 지휘를 맡겨 지금의 경기도 남부와 충청도 북부 지역을 공략하도록 했고, 왕건은 그 기대에 부응하여 큰 전공을 거두었다. 광주(廣州)·충주(忠州)·청주(靑州)·당성(唐城, 화성)·괴양(槐壤, 괴산) 등의 군현을 성공적으로 공략한 왕건에게 아찬(阿飡)이란 벼슬을 내려 포상했다.

궁예는 왕건에게 계속 중요한 임무를 맡겼다. 903년에 왕건은 수군을 이끌고 바다를 통해 후백제의 후방 깊숙이 위치한 금성군(錦城郡, 나주)을 공략하는 임무를 수행했다. 이는 전략적으로 무모한 것이었지만, 왕건은 금성군과 그 주변 10여 군현을 공격하여 점령하는 엄청난 전과를 거두었다. 나주 경략을 승리로 이끌고 돌아온 왕건을 두고 궁예가 기뻐하여 좌우의 신하들에게 "나의 여러 장수 중에 누가 견줄 수 있겠는가"라고 하면서 치켜세웠다.

이를 발판삼아 궁예는 견훤의 영역 배후에 군사적 거점을 마련하는 한편, 후백제가 중국 대륙과 왕래하는 것을 견제할 수 있었다. 또 왕건은 이곳의 유력 세력인 다련군(多憐君, 吳禧)의 딸을 둘째 부인으로 맞이했다. 바로 2대 국왕으로 즉위하는 왕무(王武, 혜종)의 어머니 장화왕후(莊和王后) 오씨(吳氏)이다. 태조가 무려 29명의 부인을 두게 되는 것은 이렇듯 유력한 각 지역의 유력 호족이나 부하들과 혼인을 통해 결속을 다진 결과였다.

이 뒤로도 왕건은 최전방에서 후백제군과 치열한 전투를 거듭했고, 그러한 노력과 성공의 대가로 913년(태봉 수덕만세 3)에는 파진찬(波珍湌)에 올라 시중(侍中)이 되었다. 이 시점까지 궁예와 왕건의 만남은 서로에게 큰 도움이 되었다. 궁예는 왕건을 등용하여 자기 세력의 판도를 크게 넓힐 수 있었고, 왕건은 궁예의 조정에서 높은 관직에 오를 수 있었다.

궁예를 축출하고 고려를 건국하다

그러나 이 둘 사이에는 균열이 생겼다. 당시의 상황에 대해 "태조가 궁예의 교만함과 포학함을 보고는 다시 뜻을 변방에 두었다"라고 했다. 또한 세운 공에 비해 포상이 적다고 불평하는 부하들에게 "삼가하고 태만하지 말라. 오로지 힘을 합하고 다른 마음을 품지 않는다면 복을 얻을 수 있을 것이다. 지금 주상께서 무고한 사람을 많이 죽이고, 참소하고 아첨하는 자들이 뜻을 얻어 조정 안에 있는 사람들은 스스로를 보전하지 못하니, 조정 밖에서 정벌에 종사하면서 힘을 다하여 왕을 보필하는 것만큼 나은 것이 없다"라며 왕건은 조정에 있기보다는 싸움터를 전전했다.

당시 궁예는 점차 포악한 정치를 펼쳐 신하들은 불만과 두려움에 떨었다. 물론 이러한 기록은 고려 건국 이후 왕건의 입장을 반영한 것이다. 그러나 분명한 것은 왕건에게 독자적인 지지 세력이 생겼다는 점이고, 결국 홍유(洪儒)·배현경(裴玄慶)·신숭겸(申崇謙)·복지겸(卜智謙)을 중심으로 하는 이 세력이 궁예를 축출하고 왕건을 새 국왕으로 추대했다. 새 나라의 국호는 고려(高麗), 연호는 천수(天授), 918년 6월의 일이었다. 통일을 위한 첫걸음을 내디뎠다.

왕건과 견훤, 한반도의 패권을 두고 겨루다

이제 한반도의 판도는 왕건의 고려와 견훤의 후백제가 겨루는 형세로 바뀌었다. 918년 8월에 후백제 견훤이 고려에 보낸 즉위 축하 사신이 돌아간 지 채 보름도 안 되어 웅주(熊州,

공주)·운주(運州, 홍성) 등 10여 지역이 고려를 버리고 후백제로 귀부했다. 서로 주도권을 잡아야 하는 긴장의 시작이었다.

920년(태조 3) 10월에 고려와 후백제는 신라를 사이에 두고 갈등을 빚었다. 후백제가 신라를 공격하자 신라는 고려에 구원을 요청했고, 고려가 이에 응하자 후백제가 고려를 적대시하기 시작했다.

이후 두 나라는 잠시 화친을 맺기도 했으나, 군사적인 충돌을 이어갔다. 서로 공방을 거듭하던 927년(태조 10) 10월, 고려는 후백제에 뼈아픈 참패를 당했다. 당시 견훤이 직접 병사를 이끌고 신라를 공격하고 수도 서라벌을 함락시켰다. 견훤은 경애왕을 자살하게 하고 서라벌을 노략질하는 한편, 새로 경순왕을 세웠다. 신라는 이미 무력으로 고려나 후백제와 견줄 수 없는 상태였다. 고려가 신라와 우호적인 관계를 다져 나가자, 후백제가 이를 무력으로 저지하려는 것이었다. 이 소식을 들은 태조 왕건은 직접 5천의 기병을 이끌고 신라를 구원하려고 견훤을 향해 진격했다. 고려군은 지금의 대구 인근인 공산(公山, 팔공산)의 동수(桐藪)에서 후백제군과 격돌했으나, 대패하고 왕건이 아끼던 김락(金樂)과 신숭겸(申崇謙) 등 여덟 장수가 전사하고 말았다.

왕건은 신숭겸이 갑옷을 바꾸어 입고 대신 전사하는 바람에 겨우 목숨을 건져 탈출할 수 있었다. 견훤은 그 기세를 몰아 고려를 몰아쳤고, 이후 929년(태조 12)까지 고려는 수세에 몰렸다. 이 무렵 견훤이 보낸 국서에서 "내가 바라는 바는 평양의 누각에 활을 걸어 놓고 대동강의 물가에서 말을 물 먹이는 것이다"라는 구절을 읽던 왕건은 아마도 피를 토하는 심정이었을 것이다.

최후의 승자 왕건, 삼한일통을 이루다

그러나 이후의 상황은 견훤의 기대와는 다르게 변화했다. 929년(태조 12) 12월, 왕건은 견훤에게 포위된 고창군(古昌郡, 안동) 지역을 구원하기 위해 병력을 이끌고 몸소 출정했다. 유금필(庾黔弼)의 분전으로 포위를 뚫고 고창으로 들어간 고려군은 이듬해 1월에 8천여 명을 죽이는 대승을 거두고 견훤을 도주하게 했다. 현지의 유력 세력인 김선평(金宣平)·권행(權行)·장길(張吉)의 협력 덕분이었다.

이후 영안(永安, 안동 풍산) 등 30여 군현이 투항하고, 다음 달에는 강원도와 경상도 일대의 110여 성이 고려로 귀부했다. 고려 쪽으로 운명의 흐름이 바뀌는 순간이었다. 이러한 움직임은 왕건이 즉위 이후 지속적으로 추진했던 지역 호족들에 대한 회유와 유화책이 효력을 발휘한 때문이었다. 특히 옛 신라의 영역에 속했던 지역의 호족들은 아무리 독자 세력으로 살고 있다고 해도 신라의 수도를 짓밟은 견훤에게 우호적일 수는 없었다.

견훤은 몇 차례 반전을 노리며 공격했으나, 아들 간의 권력 승계 갈등으로 인해 아들 신검(神劍)에 의해 유폐되면서 실패하고 말았다. 결국 견훤이 고려로 투항하고, 936년(태조 19)에 반역자인 아들을 벌해 달라며 왕건에게 후백제 정벌을 간청했다.

936년(태조 19) 6월, 왕건은 아들 왕무에게 선봉을 맡겨 군사를 출병시켰다. 그리고 9월, 직접 본진을 통솔하여 진군한 왕건은 일리천(一利川, 구미)에서 후백제군을 격파하고 그대로 도읍 완산주(전주)까지 점령했다. 이미 신라는 935년(태조 18)에 고려에 항복한 상태였다. 결국 40년 가까이 계속되었던 후삼국의 쟁패는 건국 18년 만에 고려의 통일로 끝맺게 된다.

포용의 새 나라 기틀을 만들다

왕건은 후삼국 통일을 이룬 후 7년을 더 살다가 사망했다. 현종 때 벌어진 거란과의 전쟁에서 개경이 점령되면서 국초의 기록이 크게 사라져, 통일 후 7년 동안 있었던 일에 대해서는 기록이 매우 소략하다. 그가 신하들에게 내렸다는 『정계(政誠)』와 『계백료서(誡百寮書)』는 그 이름에서 알 수 있듯이, 신하들의 기강을 세우기 위한 것으로 추정된다. 또 후대의 왕들을 위해 『훈요십조(訓要十條)』를 남겨 통치의 주요 방향을 제시했다.

태조 왕건은 통일과정에서 주위의 유력 호족들에게 '중폐비사(重幣卑辭)'를 통하여 자신의 자세를 낮추는 한편 민심의 향배도 중요시 여겼다. 후삼국의 분열은 신라 말의 과도한 세금 징수로 인한 민심 이반에서 비롯된 것이었기 때문이다. 따라서 정치의 성패를 결정짓는 근본 요인은 민심의 향배였다. 왕건은 왕이 된 지 34일 만에 신하들을 모아놓고 "근세에 과도하게 거두어들여 1경(頃, 100부)의 조세[租]로 6석(碩, 1석 150승)을 거두기에 이르러 백성들이 살아갈 수가 없으니 내가 매우 불쌍히 여긴다. 이제부터는 마땅히 십일(什一)의 제도를 써서 전 1부(負)에 조 3승(升)을 내게 하라"라고 했다.

이 말에 따르면, 고려 농민들의 세금은 10분의 1로 경감된다. 전쟁 중에 세금을 줄이는 것은 매우 위험한 일이지만 민심을 얻지 못하면 전쟁에서 이길 수 없다는 판단 아래 민심을 택했다. 이 결정을 왕건의 '백성을 위하는[爲民] 정치'라고 한다. 견훤과 궁예에게서는 이런 정책을 찾아볼 수 없다.

왕건은 즉위 이후부터 민생을 안정시키고 국가의 기틀을 잡기 위해 많은 노력을 기울였다. 서경(西京)에 학교를 세웠으며, 억울하게 노비가 된 사람들을 풀어주고, 호족들이 백성들을 침탈하지 못하도록 경고했다. 유학을 공부한 이들을 발탁하는 한편, 고승들에 대해 극진한 예우를 다했다. 공을 세운 신하들을 포상하기 위해서는 역분전(役分田)을 제정했다. 왕건이 내렸던 여러 가르침은 '태조의 유훈(遺訓)'으로서 고려왕조 내내 크게 존중되었다.

태조 왕건은 500여 년 가까이 유지한 고려를 세운 위대한 건국자였으며, 후삼국 분열의 길목에서 통일을 이루어낸 유일한 '삼한일통(三韓一統)'의 황제였다.

혜종(惠宗)
고려왕조의 여명, 나약한 국왕과 치열한 후계자 싸움

후광이 부족한 그늘 속의 나약한 군주

고려 2대 국왕인 혜종은 이름은 무(武), 자는 승건(承乾)이다. 912년(신덕왕 1)에 태어나 945년(혜종 2)에 사망했다. 태조 왕건과 장화왕후 오씨 사이의 맏아들로 태어났다. 장화왕후는 나주 지역의 유력 호족이었던 다련군의 딸이다. 두 사람은 왕건이 궁예 휘하의 장수로 활약하던 때에 만나 인연을 맺었고, 왕무를 낳았다. 그가 혜종이다. 당시 왕건은 수군(水軍)을 이끌고 나주 지역에 출진하여 주둔하고 있었는데, 현지에서 만남이 이루어진 것이다. 이미 왕건에게는 신혜왕후로 시호가 올려지는 첫째 부인인 유씨(柳氏)가 있었으나, 둘 사이에서는 아이가 태어나지 않았다. 때문에 두 번째 부인인 오씨의 소생이 맏아들이 되었다. 혜종은 왕건과 오씨 사이의 유일한 자식이었다.

혜종의 비로는 태자 시절에 태자비로 맞이한 임희(林曦)의 딸 의화왕후(義和王后)가 있다. 이 둘 사이에서 흥화궁군(興化宮君)·경화궁부인(慶化宮夫人)·정혜공주(貞惠公主)를 낳았다. 이어 왕규(王規)의 딸 후광주원부인(後廣州院夫人)과 김긍률(金兢律)의 딸 청주원부인(淸州院夫人)이 있었으나 이들과는 자녀가 없었다. 한편 연예(連乂)의 딸 궁인(宮人) 애이주(哀伊主)와의 사이에서 태자 왕제(王濟)와 명혜부인(明惠夫人)을 낳았다. 혜종은 여러 자녀를 두었으나, 이들에 대한 자세한 기록은 전해지지 않는다. 혜종의 아들인 흥화궁군이나 왕제가 기록에 나타나지 않는 것으로 보아 당시의 왕위 계승과 관련한 세력 간의 혼란한 정국 속에서 평온하게 일생을 마치기는 쉽지 않았을 것이다.

부왕과 함께 한 통일 전쟁

혜종, 왕무가 태어난 지 7년째인 918년(태조 원)에 왕건은 궁예를 축출하고 새 왕조를 열었다. 왕무는 고려의 첫째 태자가 되었다. 921년(태조 4) 12월에 왕건은 왕무를 정윤(正胤), 태자로 책봉하여 그 위상을 확인해 주었다. 왕무의 나이 10살 때였다.

그러나 왕무가 태자의 지위를 확인받는 데에 이르기까지는 쉽지 않았다. 왕무가 7살 때, 왕건은 그를 왕위 계승자로 삼으려 했으나, 장화왕후의 후원 세력이 미약하여 이를 즉시 추진하지 못했다. 다만 그 징표로 오래된 상자에 군주를 상징하는 자황포(柘黃袍)를 넣어 장화왕후에게 내려주었다. 훗날 장화왕후가 이를 중신(重臣) 박술희(朴述熙)에게 보여주니, 박술희가 그 뜻을 알고 왕무를 정윤으로 책봉하도록 요청했다.

아직 후삼국 중 한 세력에 불과했던 왕건의 입장에서는 휘하 신료들과 군현 호족들의 협력이 절실하게 필요한 때였다. 특히 혼인을 통해 자신과 결탁하고 있었던 유력 호족들과의 관계를 고려하지 않을 수 없었던 당시의 상황을 잘 보여주는 일화이다.

이후 정윤으로서 왕무가 등장하는 기록은 많지 않다. 훗날 최승로(崔承老)는 혜종이 태자였던 시절에 감국(監國)과 군사를 잘 지휘했고, 스승을 공경하며 빈객과 신료들을 잘 대했다고 회고했다. 그래서 명성이 높았고, 혜종이 즉위하자 사람들이 모두 기뻐했다고 했다.

한편, 932년(태조 15) 7월에 태조 왕건이 청주의 일모산성

(一牟山城)을 친정(親征)하면서 왕무에게 북쪽 변방을 순시하도록 했다. 4년 뒤인 936년(태조 19)에는 후백제와의 마지막 결전이 벌어질 때 왕무는 박술희와 함께 보병과 기병 1만 명을 거느리고 천안부(天安府)로 먼저 출병했다. 그의 나이 25살 때였다. 전투 과정에서 왕무가 수행한 역할에 대해서는 기록이 없다. 다만 '갑옷을 입고 무기를 들고[擐堅執銳] 비바람을 맞으며 전쟁터에서 태조를 따르며 백성들을 도탄에서 구했다'는 것과 '용맹을 떨치며 선봉에 섰으므로 공이 제일이었다'라는 언급에서 알 수 있듯이, 태조의 고려 통일에 일조한 것만은 분명하다.

위의 전투로 후백제를 멸망시키고 후삼국을 통일한 태조 왕건은 7년 뒤인 943년(태조 26) 5월에 병이 위중해져 왕위를 왕무에게 전하고 사망했다. 이에 왕무가 고려 2대 국왕으로 즉위했다.

거란 견제를 위한 후진(後晉)과의 교류

혜종은 재위 기간이 짧아 남아있는 기록도 매우 소략하고 내용이 혼란스러워 이해가 쉽지 않다. 왕위 계승 분쟁에 관한 기록을 제외하면 사실상 중국과의 교류에 관한 기록이 약간 남아있을 뿐이다.

당시 중국 대륙 북방에는 당(唐)의 멸망으로 거란(契丹)이 위세를 떨치고 있었고, 남쪽에서는 5대 10국의 혼란기였다. 이 무렵 혜종은 후진(後晉)과 사신을 교환했다. 944년(혜종 원)에는 광평시랑(廣評侍郞) 한현규(韓玄珪)와 예빈경(禮賓卿) 김렴(金廉)을 파견하여 새로 즉위했음을 알리는 동시에, 당시 후진이 거란에 대해 거둔 승리를 축하했다. 후진에서는 945년(혜종 2)에 광록경(光祿卿) 범광정(范匡政)과 태자세마(太子洗馬) 장계응(張季凝)을 사신으로 보내어 지난해의 사신 파견에 감사하고, 혜종을 지절현도주도독 상주국 충태의군사 고려국왕(持節玄菟州都督上柱國充太義軍使高麗國王)으로 책봉했다. 중국 측 기록에 따르면 이외에도 고려의 사신 파견이 있었다고 하나, 양국의 기록에 연대 차이가 있어서 정확한 내용은 판단하기 어렵다. 다만 이 시기의 기록에서 고려에서 후진에 보낸 물건의 목록을 통해 당시의 문물에 대해 단편적이나마 살펴볼 수 있다는 점과 거란-후진-고려 간 외교적 각축의 일면을 엿볼 수 있다는 점이다.

945년(혜종 2)에 후진에서 보낸 칙서에는 고려에서 보냈던 물품의 목록이 상세하게 적혀 있다. 특히 비단·금실·은실 등으로 화려하게 장식한 갑옷과 투구, 활과 화살·화살통, 칼과 칼집 등 다양한 무기류들이 매우 많이 포함되어 있다. 그 외에도 화려한 이불과 옷, 고운 모시와 각종 천, 인삼, 향유, 잣, 방울 등 다양한 품목을 보냈다고 한다. 이에 대하여 후진에서는 '무기는 단단하고 직조한 무늬는 아름답고 고우며, 모시와 삼베는 눈처럼 희고 약에 이르러서는 신통하기까지 하다. 머리 꾸미개와 장난감은 기이하며, 향유와 과실류는 명품이 이미 많다'라고 고려의 물품에 대하여 찬탄했다고 한다.

한편, 중국측 자료인 『자치통감(資治通鑑)』에는 태조대부터 혜종대 무렵에 고려와 후진에서 거란에 대한 협공을 논의했던 모습이 실려 있다. 이 역시 고려측 기록과 약간의 연대 차이는 있지만, 태조 왕건이 발해의 복수를 위해 거란을 공격하려 하면서 후진에 협공을 제안했다고 한다. 후진은 비록 이때에는 거절했으나, 거란과의 갈등이 심해지면서 이 방안을 다시 검토했다는 것이다. 마침 고려에서 혜종이 즉위하자 후진은 사신을 보내어 고려의 상태를 살펴보았으나, 지난날의 모습과 달리 군사력이 매우 약한 것을 보고 실망하여 중단했다고 적혀 있다. 아마도 혜종대 무렵의 정치적 혼란상과 관련이 있었을 것이다. 비록 성사되지는 않았으나, 고려 초기의 발해에 대한 인식을 보여주는 동시에 거란·후진·고려의 외교적 각축의 일면을 보여주고 있다.

왕위 계승 분쟁과 이른 사망

혜종대의 왕위를 둘러싼 분쟁은 왕규(王規)·박술희·최지몽(崔知夢) 등 주요 신하들과 왕요(王堯)·왕소(王昭)·왕식렴(王式廉) 등 왕실 구성원들이 얽히면서 일어났다. 이는 태조 왕건에게 29명의 부인이 있었고, 그들 사이에서 혜종을 포함하여 25명의 왕자와 9명의 공주가 태어났던 당시의 왕실 상황에서 피하기 어려운 갈등이었다. 태조 왕건은 후삼국을 통일하는 과정에서 자신의 휘하 신료들과 군현의 유력 호족·신라 귀족 등 다양한 세력과 혼인을 통하여 결속했다. 이는 고려가 후삼국을 통일하는 데에 큰 보탬이 되었지만, 다음 세대로 넘어가면서 왕권 행사에 걸림돌이 되었다.

혜종의 측근으로는 그의 즉위에 공을 세운 박술희와 정치적 조언자였던 최지몽이 있었고, 그 외에 이름은 전해지지 않으나 '향리(鄕里)의 소인(小人)'으로 불리는 사람들이 있었던 것으로 보인다. 이들은 대개 혜종의 외가인 나주 쪽 출신의 사람들로 추정된다. 혜종은 이들을 중용하고 주변에 항상 호위 병사들을 배치하여 특혜를 베풀었다고 한다.

당시 혜종을 가장 위협했던 사람은 왕규였다. 광주(廣州) 출신으로 태조 왕건에게 두 딸을 시집보냈던 왕규는 태조의 임종을 지키고 유명(遺命)을 선포했을 정도로 위상이 높았다. 그런데 그가 자신의 외손자인 광주원군(廣州院君)을 왕위에 올리기 위하여 여러 차례 혜종을 습격하기도 하고, 혜종의 동생이었던 왕요·왕소 형제가 모반을 꾸미고 있다며 고발하기도 했다. 또한 박술희와 대립하다가 혜종의 서거 전후로 왕명을 위조하여 죽이기까지 했다.

이런 왕규를 제거한 것은 왕요·왕소 형제와 이들을 도운 왕식렴이었다. 서경의 책임자였던 왕식렴의 병력을 동원하여 왕규 세력을 제압하고, 왕요를 국왕으로 추대했다. 그가 정종(定宗)이다. 동생 왕소는 4대 국왕인 광종이 된다.

물론 이 기록이 매우 소략한 데다가, 왕위에 오른 왕요 세력의 입장이 반영된 내용일 것이있다. 더구나 왕규는 혜종의 장인이기도 했으므로, 당시의 정국 판도가 매우 복잡했음을 짐작할 수 있다.

이러한 긴장 국면에서 혜종은 결국 이른 죽음을 맞이한다. 즉위 2년째였던 945년(혜종 2) 9월, 자객을 맨주먹으로 때려잡았다고 할 정도로 기운이 좋았던 혜종은 병이 들어 사망했다. 그리고 분쟁 과정에서 혜종의 측근이었던 박술희도, 난을 꾸몄다고 지목된 왕규와 그의 세력 300여 명도, 이름조차 남기지 못한 혜종의 측근 '향리의 소인'들도 모두 제거되었다. 후삼국의 통일이라는 빛나는 업적 뒤에 드리워진 어둡고 비정한 권력의 암투였다.

후일 인종이 자신의 아버지인 예종을 종묘에 모시는 과정에서 태묘(太廟)에 안치된 혜종의 신주를 빼자 당시 사람들이 백성에게 공덕이 있으니, '불천지주(不遷之主)'로 삼아야 하는데 옮기는 것은 옳지 않게 여겼다고 한다. 종묘에 모실 수 있는 신주의 수는 제한되어 있다. 때문에 새로 신주를 들이는 경우 선대 국왕들의 신주를 조정하는 절차가 필요한데, 혜종의 신주를 빼는 것을 마땅치 않게 여긴 것이다. 불천지주란 '옮기지 않는 신주'라는 뜻으로, 공덕이 높아서 영원히 종묘에 모셔져야 할 존재였다. 배향해야 할 선대 국왕이 계속 늘어나는 상황에서 불천지주로 모셔진다는 것은 대단한 존경을 의미하는 것이다.

현재 남아있는 혜종에 관한 기록을 생각해볼 때, 이러한 인종대 논의에 참여한 신료들의 반응은 의외이다. 혜종의 생애에서는 '민(民)에게 공덕이 있었다'라는 면모를 찾아볼 수 없기 때문이다. 태조 왕건의 맏아들이자 고려 2대 국왕이었던 혜종의 삶은 왕위 계승 분쟁에 시달리다가 요절한 비운의 군주 이상이 되기는 어렵다. 그럼에도 불구하고 백성들에게 공덕이 커서 불천지주로 모셔져야 한다고 거론되었던 혜종이다. 그러나 지금 남겨진 기록만으로는 제대로 알기가 어렵다. 때문에 권력의 그늘에 가려진 비운의 국왕이다.

정종(定宗)
큰 뜻을 품었던가, 그저 꿈을 꾸었는가

왕위를 차지한 욕망의 국왕

　고려 3대 국왕인 정종은 이름은 요(堯), 자는 천의(天義)이다. 923년(태조 6)에 태어나 949년(정종 4)에 사망했다. 태조 왕건과 신명순성왕태후 사이에서 둘째 아들로 태어났다. 신명순성왕태후의 아버지는 충주(忠州)의 유긍달(劉兢達)로, 유력한 호족이었다. 세자로서의 서열은 장화왕후(莊和王后) 오씨(吳氏)의 아들 왕무(王武)에 이어 두 번째였다. 신명순성왕태후는 왕요 외에도 여러 자녀를 낳았는데, 소(昭)·태(泰)·정(貞)·증통국사(證通國師)·낙랑공주(樂浪公主)·흥방공주(興芳公主)가 있다. 이 중 왕소는 훗날 정종의 뒤를 이어 광종(光宗)으로 즉위했다.

비는 박영규(朴英規)의 딸 문성왕후(文成王后)와 문공왕후(文恭王后)이고, 김긍률(金兢律)의 딸 청주남원부인(淸州南院夫人)이 있다. 문성왕후는 혜종의 아들 흥화군과 함께 기록에서 사라진 경춘원군(慶春院君)과 태조 후비 천안부원부인의 소생인 효성태자(孝成太子)의 부인이 되는 딸 하나를 낳았다. 세자 시절 별다른 작호를 받지는 않은 것으로 보이는데, 훗날 즉위하는 왕소의 동복형으로 유약한 면이 있었던 이복형인 왕무와 달리 야심이 많고 강인한 성격의 소유자였던 것으로 알려져 있다.

껄끄러운 즉위 과정

세자로서 왕요가 어떠한 삶을 살았는지를 보여주는 자료는 많지 않다. 936년(태조 19)에 고려가 후삼국을 통일했으니, 왕요는 14살에 이 큰 변화를 맞이했다. 943년(태조 26)에 태조 왕건이 운명했을 때 왕요는 21살이었고, 11살 위의 이복형인 왕무가 새 국왕으로 즉위하는 모습을 지켜보았을 것이다. 왕요가 왕위를 둘러싼 다툼에 휘말린 모습에 관한 기록도 이 무렵부터 찾아볼 수 있다.

945년(혜종 2)에 왕요가 동생인 왕소와 함께 모반을 꾸몄다는 제보가 혜종에게 전해졌다. 왕규가 제보했다. 왕규는 선왕(先王) 태조에게 두 딸을 시집보내었으며, 태조의 고명대신(顧命大臣)이었던 당대의 중신(重臣)이었다. 왕규는 혜종과 왕요·왕소 등을 해치고 자신의 외손자인 광주원군을 왕위에 앉히려고 도모했다. 이른바 '왕규의 난'이라 불리는 이 사건은 기록이 소략하여 자세한 전모를 알기가 어렵다. 다만 당시 왕요·왕소와 왕규가 정치적으로 심각하게 대립하고 있었다는 점을 짐작할 수 있다.

　혜종은 왕규의 말을 신뢰하지 않았다. 오히려 왕요와 왕소를 더욱 가까이하고, 심지어 자신의 딸을 왕소와 혼인시켰다. 이 혼인의 이유가 왕요 형제에 대한 지지인지, 반대로 이들로부터 위협을 느꼈기 때문인지에 대해서는 해석이 엇갈린다.

　945년(혜종 2) 9월, 혜종은 극도로 불안한 정국에서 받은 스트레스 때문인지, 젊은 나이에 병석에 눕게 되었다. 그러자 왕규와 왕요·왕소는 각각 세력을 규합하여 정국의 변화에 촉각을 곤두세웠다. 왕요는 서경(西京)에 책임자로 나가 있었던 종친 왕식렴(王式廉)의 힘을 빌렸다. 혜종이 죽자 왕식렴은 즉시 휘하의 병력을 이끌고 개경(開京)으로 들어와 왕요를 호위했고, 왕규를 잡아 귀양 보냈다가 처형했다.

　왕규의 무리 300여 명이 처형되었다고 한 것으로 보아, 그

규모와 갈등의 정도를 짐작하게 한다. 혜종의 사망 직후 왕요는 '신하들의 추대를 받아' 국왕으로 즉위했다. 이로 미루어보아, 혜종이 유언으로 왕요에게 왕위를 승계시켰던 것은 아니었을 가능성이 있다. 그러나 역시 자료의 부족으로 더 이상 추측하기는 어렵다.

광군의 설치와 국방 강화책 추진

정종대에 관한 기록도 소략하여, 자세한 내용은 알기 어렵다. 다만 국방에 많은 신경을 썼던 흔적이 보인다. 우선 947년(정종 2)에 덕창진(德昌鎭)에 성을 쌓은 것을 비롯하여, 철옹(鐵甕)·박릉(博陵)·삼척(三陟)·통덕(通德)·덕성진(德成鎭) 등 북방의 여러 요충지에 성을 쌓았다. 이는 한반도의 서북부에서 동북부까지 여러 지역에 걸쳐 있는데, 태조대 이래로 점차 북방 지역에 대한 영역화 작업을 추진했던 연장 선상에서 이루어진 것이었다. 948년(정종 3) 9월에 동여진의 소무개(蘇無盖) 등이 내조(來朝)하여 말 700필을 바친 것은 이러한 북방 정책과 깊은 관련이 있을 것이며, 어느 정도의 성과를 거두었다.

무엇보다 이 시기에 주목되는 것은 광군(光軍)의 설치이다. 태조대의 명신(名臣)인 최언위(崔彦撝)에게는 아들 최광윤(崔光胤)이 있었는데, 후진(後晉)에 유학을 갔다가 거란(契丹)

에 사로잡혔다고 한다. 그곳에서 능력을 인정받아 관직에 임명되었는데, 고려에 사신으로 파견되어 귀성(龜城)으로 왔다가 장차 거란이 고려를 침략할 것이라고 여진족을 통해 서신을 전했다. 이 소식을 들은 정종은 947년(정종 2)에 광군사(光軍司)를 설치하여 군사 30만을 선발하고 '광군'이라 불렀으며, 거란의 침입에 대비했다. 다행히 이 시기에는 거란과의 전쟁이 벌어지지 않았으나, 훗날 고려가 거란과의 전쟁을 치르는 데에 이러한 사전 준비 경험이 큰 도움이 되었다.

서경 천도 추진

정종이 추진한 주요한 사업으로 서경 천도를 들 수 있다. 947년(정종 2)에 정종은 서경에 왕성(王城)을 쌓도록 지시했다. 구체적으로 어느 정도 규모였는지는 알기 어렵지만, 서경을 정비하여 개경에 준하는 규모로 육성하려 한 것으로 보인다.

이에 관해 정종이 도참(圖讖)을 믿어 서경으로 천도하려 했다고 한다. 그러나 이 시도는 불안한 정국을 타개하기 위해 강력한 지지 세력인 왕식렴의 근거지인 서경으로 천도하려고 한 것이었다. 당시 서경으로 천도 준비과정에서 많은 노역을 필요로 하고 개경 주민의 서경 이주까지 수반하면서 큰 불만을 가져왔다. 최승로는 이에 대하여 '강제로 사람을 징발하여 공사를 시키니 원망이 일어나고 재앙의 조짐이 나타났다'라고 꼬집었다. 그러나 정종이 일찍 사망하면서 서경 천도는 중단되었다.

불교 존숭과 이른 사망

정종은 불교를 특별히 존숭했다. 946년(정종 원)에는 직접 부처의 사리(舍利)를 모시고 걸어서 개국사(開國寺)에 모셨고, 아울러 곡식 7만 석을 여러 사찰에 시주하는 한편, 불교를 배우는 승려들을 위해 불명경보(佛名經寶)와 광학보(廣學寶)를 설치하기도 했다.

그러나 이러한 보시 행위에도 불구하고, 정종은 949년(정종 4)에 27살의 젊은 나이로 병이 들어 죽고 말았다. 자신의 든든한 지원자였던 왕식렴이 사망한 직후의 일이었다. 이 시기를 겪었던 최승로는 정종이 즉위 초반에 밤낮으로 좋은 정치를 위해 노력하여 밤에 촛불을 켜고 신하들을 불러 보기도 하고, 식사 시간을 미루어가며 정무를 처리했다고 한다. 그러나 거란 사신을 접대하던 중 갑작스러운 천둥 번개와 함께 여러 신하와 물품들이 번개에 맞고 정전인 천덕전(天德殿)의 서쪽이 번개에 맞은 일에 큰 충격을 받아 병에 걸리고 말았다고 했다.

이 두 사건을 연결시켜 보면, 정종의 사망에도 기록되지 않은 내막이 있었던 것으로 추정한다. 정종은 임종하기 전에 동생 왕소에게 왕위를 선양했고, 결국 내제석원(內帝釋院)에 머물다가 재위 4년 만인 949년 3월 13일에 27살의 젊은 나이로 세상을 떠났다.

광종(光宗)
개혁의 때를 기다린 냉철한 국왕

개혁을 꿈꾼 군주, 시대를 바꾸려 하다

고려 4대 국왕인 광종은 이름은 소(昭), 자(字)는 일화(日華)
이다. 925년(태조 8)에 태어나 975년(광종 26)에 사망했다. 태조
왕건과 신명순성왕후 유씨(劉氏) 사이에서 셋째 아들로 태어
났다. 정종의 동생으로, 두 사람은 같은 어머니에게서 태어난
형제 사이이다.

비는 태조와 신정왕태후 황보씨 사이에서 태어난 대목왕
후(大穆王后)와 혜종의 딸 경화궁부인(慶和宮夫人)이다. 혜종은
태조의 맏아들이지만, 정종이나 광종과는 다른 어머니에게서

태어났다. 고려 왕실에서는 왕족 내부에서 혼인을 맺는 근친혼이 자주 있었기 때문이다.

대목왕후와의 사이에서 경종(景宗)을 비롯하여 효화태자(孝和太子)·천추전부인(千秋殿夫人)·보화궁부인(寶華宮夫人)·문덕왕후(文德王后)를 낳았다. 경화궁부인이 낳은 자녀에 대한 기록은 없다.

치열한 왕위 계승 싸움

태조 왕건이 고려를 세운 때가 918년(태조 원)이고, 신라와 후백제를 항복시켜 통일한 때가 936년(태조 19)이다. 광종이 왕위에 오른 949년(광종 즉위)은 이로부터 불과 10여 년이 지난 시기이다. 당시 고려의 왕실과 조정은 국가를 안정시키고 체계적으로 운영하기 위해 해야 할 일이 많았다. 이미 태조 때부터 이를 위해 여러 가지 정책들이 추진되고 있었으며, 광종이 즉위할 무렵에도 여전히 이러한 조치들을 필요로 했다.

그런데 이 시기에 왕위 계승 및 조정에서의 권력을 둘러싸고 극심한 갈등이 빚어졌다. 우선 왕위 계승의 경우, 태조가 29명의 부인을 두었고 그 사이에서 25명의 왕자와 9명의 공주를 낳았다. 이는 후삼국을 통일하는 과정에서 지지 세력을 확보하기 위한 조치였으나, 왕위 계승권을 가진 자식이 지나치게 많다는 것이 문제였다. 태조가 사망한 후 맏아들인 혜종이 즉위했지만 극심한 불안에 시달리다가 2년 만에 사망했다. 이후 정종이 즉위했으나 그 역시 만 4년도 채우지 못하고 사망했으며, 그 뒤를 이어 광종이 즉위한 상황이었다.

이러한 왕위 계승 분쟁은 고려 초기의 권력 구도와 깊은 관련이 있었다. 고려의 통일 과정에서 태조에게는 신료들의 충성을 확보하고 군현의 유력 호족 세력들을 규합하는 일이 중요한 과제였다. 이를 위해 여러 지역의 유력자와 혼인을 적극적으로 활용했다. 따라서 태조 사후의 왕위 계승 분쟁에는 공신들과 군현의 유력 호족들이 개입되어 더욱 치열해졌다. 또한 왕실의 입장에서는 이들의 위세를 꺾고 정상적인 국가 운영을 주도해야 할 과제를 안고 있었다. 광종에게는 이러한 과제들이 산적해 있었다.

국가 체제를 새로이 정비하다

광종은 즉위 후 26년 동안 고려를 통치했다. 그의 재위 기간 동안 여러 가지 중요한 제도의 시행과 개편이 이루어져 국가 체제가 정비되어 나갔다.

고려는 태조대부터 중국 대륙의 국가들과 적극적으로 외교 관계를 맺었다. 광종 역시 이러한 흐름을 이어받아, 외교와 이를 통한 문물 교류에 큰 열의를 보였다. 특히 후주(後周)와 이를 이은 송(宋)과 활발하게 교류했다. 951년(광종 2)에는 후주의 연호를 시행했으며, 이듬해에는 사신을 파견하여 선물을 보냈다. 후주에서는 953년(광종 4)에 사신을 보내 광종에게 검교태보 사지절현도주도독 상주국 충대의군사(特進檢校太保使 持節玄菟州都督上柱國充大義軍使)의 지위를 주었다.

이 뒤로도 양국은 지속적으로 사신을 교환했다. 이러한 교류에는 문물 및 제도, 사람의 왕래가 뒤따랐다. 사료가 적게 남아있는 이 시기의 특성상 많은 기록을 찾기는 어려우나, 958년(광종 9)에 후주가 고려에 비단 수천 필을 가져와 구리를 사간 일을 들 수 있다. 고려에서는 다음 해에 다시 구리 5만 근과 자수정(紫水晶)·백수정(白水晶) 각 2천 개 등을 후주에 보냈다. 또한 사신을 보낼 때에 말과 옷·활·칼 등을 함께 보냈으며, 『별서효경(別序孝經)』, 『월왕효경신의(越王孝經新義)』, 『황령효경(皇靈孝經)』, 『효경자웅도(孝經雌雄圖)』 등의 책을 후주에 보내기도 했다. 이러한 교류는 후주 이외의 다른 국가들과도 진행되었다. 960년(광종 11)에는 오월(吳越)에서 사신을 보내 천태종(天台宗) 관련 서적을 요청했고, 광종이 고승 체관(諦觀)을 보내 이를 보내주었다.

또한 광종은 당시 다수의 중국인을 초빙하여 정치에 참여시켰다. 그 대표적인 예로 쌍기(雙冀)를 들 수 있다. 후주 사신단의 일원으로 고려에 왔던 쌍기는 병이 들어 치료를 위해 잠시 머물렀는데, 그의 재주를 알아본 광종의 요청으로 고려에 남게 되었다. 이후 쌍기는 과거제 시행을 건의하고 여러 차례 그 책임자인 지공거(知貢擧)를 맡았다. 쌍기 외에도 다수의 중국에서 온 관료들이 광종의 총애를 받아, 서필(徐弼) 등 고려 신하들이 반발하는 일도 생겼다. 구체적으로 확인되는 귀화 중국인 관료는 많지 않으나, 채인범(蔡仁範)과 같은 인물의 묘지명이 남아있어 당시의 정황을 잘 보여준다.

광종은 외교뿐만 아니라 국가 체제를 정비하는 데에 많은 노력을 기울였다. 고려의 국가 제도에는 황제국의 면모를 보여주는 대표적인 예가 있다. 우선 연호와 '황도(皇都)'라는 호칭을 사용했다는 점이다. 광종은 960년(광종 11)에 개경(開京)을 황도, 서경(西京)을 서도(西都)로 삼았다. 이는 수도인 개경을 '황제의 도읍'으로 지칭했다는 점과 '준풍(峻豊)'이나 '광덕(光德)'이라는 연호를 사용하여 고려의 고유한 기년(紀年)을 정했다는 점도 함께 주목을 받는다.

광종대에 신설된 제도로 이후의 한국 역사에 가장 큰 영향을 미친 것은 과거제(科擧制)이다. 과거제는 원래 중국의 수·당 시기에 처음 시작된 것으로, 조정에서 시험을 통해 인재를 선발하여 관리로 채용하는 제도이다. 여기에는 외국인이 참여할 수 있는 빈공과(賓貢科)가 있어서, 신라와 발해인 중에도 여기에 응시하여 합격하는 사람들이 있었다. 신라 말의 유명한 최치원(崔致遠) 같은 사람도 바로 이 빈공과 합격자 출신이다. 이러한 전통은 5대 10국 시기까지 이어져, 최언위(崔彦撝)의 아들 최광윤(崔光胤)처럼 후진(後晉)에 유학을 간 인물도 있었다.

신라 시대에는 과거제가 시행되지는 않았으나, 후기에 국학(國學)에서 독서삼품과(讀書三品科)를 통해 특정한 소양을 갖춘 인재를 시험을 통해 선발하는 제도를 채택했다. 이러한 바탕이 고려 광종대에 들어와서 과거제가 시행되는 기반을 이루었다.

과거제의 시행은 958년(광종 9)에 쌍기의 건의로 이루어졌다. 광종은 이를 건의한 쌍기에게 과거 시행의 책임자인 지공거를 맡겼고, 이 해에 시(詩)·부(賦)·송(頌) 및 시무책(時務策) 등을 시험하여 제술업(製述業)과 명경업(明經業), 잡업(雜業)에서 11명의 합격자를 선정했다.

과거에 급제한 사람은 잡업의 경우 해당 전문 분야에 배치되기도 했으나, 대체로 능력을 인정받아 빠르게 승진하거나 외교 문서나 국왕 문서 등을 작성하는 문한관(文翰官) 등 고급의 문장 능력이 필요한 직위에 임명되었다. 과거제는 이후 조선 말기까지 시대에 맞게 변화되면서 지속적으로 운용되었고, 관료 선발의 투명성이 보장된다는 점에서 한국 관료 문화의 중요한 요소로 자리했다.

조정에서 관료들이 입는 옷을 공복(公服)이라 한다. 광종대에는 두 차례에 걸쳐 관료들의 공복을 정비했다. 우선 956년(광종 7)에는 백관의 의복을 중국의 제도와 같게 정했다. 이어 960년(광종 11)에는 원윤(元尹) 이상은 자삼(紫衫)으로, 중단경(中壇卿) 이상은 단삼(丹衫)으로, 도항경(都航卿) 이상은 비삼(緋衫)으로, 소주부(小主簿) 이상은 녹삼((綠衫)으로 공복을 개정했다.

한편 남당(南唐)의 사신이 고려에 다녀간 뒤 남긴『해외사정광기(海外使程廣記)』라는 책의 내용이 일부 전해지는데, 여기에는 관리들의 복장 색상이 자(紫)·단(丹)·비(緋)·녹(綠)·청(靑)·벽(碧)으로 기록되어 두 가지 단계를 더 보여주고 있다. 광종이 이렇게 공복에 크게 관심을 기울인 이유는 아마도 관료 제도를 정비하여 조정의 위계질서를 확립하려는 의도였다.

고려는 태조대 이래로 지속적으로 북방에 대한 개척을 추진했다. 이는 북방에서 세력을 키워 발해를 멸망시키는 등 강자로 떠오른 거란, 요(遼)에 대한 견제의 필요성과 함께 한반도 북부 지역에 산재해 거주하던 여진(女眞) 부족들에 대한 통제의 필요성, 그리고 영토 확대라는 다양한 목적에서 진행되었다.

950년(광종 1)에는 장청진(長靑鎭)과 위화진(威化鎭)에 성을 쌓았다. 이후 952년에는 안삭진(安朔鎭)에 성을 쌓았으며, 960년(광종 11)에는 습홀(濕忽)에 성을 쌓아 가주(嘉州)로 승격시키고, 송성(松城)에 성을 쌓아 척주(拓州)로 승격시켰다. 967년(광종 18)에는 낙릉군(樂陵郡)에, 968년(광종 19)에는 위화진(威化鎭)에 성을 쌓았다. 이외에도 영삭진(寧朔鎭), 안삭진(安朔鎭), 장평진(長平鎭) 등에 축성한 기록이 남아있다.

고려의 왕실은 불교를 크게 존중했다. 그중 광종대에 이루어진 중요한 조치는 바로 고승을 왕사(王師)와 국사(國師)로 임명하는 제도가 확립된 점이다. 당시 혜거(惠居)가 국사로, 탄문(坦文)이 왕사로 모셔졌다. 또한 광종은 왕권 강화의 측면에서 균여(均如)를 크게 존중했다. 또한 과거의 일종인 승과(僧科)를 시행하여, 여기에 합격해야 법계(法階)를 받아 승진할 수가 있었다.

광종은 여러 사찰을 창건했다. 아버지 태조를 모신 원당(願堂)으로 대봉은사(大奉恩寺)를, 어머니의 명복을 빌기 위해 불일사(佛日寺)와 숭선사(崇善寺)를 세웠으며, 그 외에도 홍화사(弘化寺), 삼귀사(三歸寺), 귀법사(歸法寺) 등을 세웠다. 그리고 재회(齋會)를 열고 백성들에게 널리 음식 등을 내려준다든지, 방생소(放生所)를 설치하여 물고기를 놓아주게 한다든지 등의 행사를 열기도 했다. 또한 제위보(濟危寶)를 설치하여 백성들의 구호를 담당하게 했다.

그러나 광종대에 시행된 대민 시책 중에 가장 유명한 것은
바로 노비안검법(奴婢按檢法)이다. 이는 '노비를 살펴 검사한
다'라는 의미이다. 광종은 956년(광종 7)에 명을 내려 노비를
살펴 검사하여 그 시비를 가리도록 했는데, 이에 많은 노비가
그 주인을 배반했다고 한다.

　이에 대한 상세한 기록은 없으나, 이 조치는 원래 양민이
었으나 불법적으로 노비로 전락한 사람들을 구제해주기 위
한 조치와 함께 공신들의 경제적 기반을 약화시키려는 목적
이었다.

정치 개혁 속에 숨겨진 갈등

　이러한 개혁 조치들이 모두 평탄하게 이루어진 것은 아니
었다. 이 시기는 정치적으로 갈등이 빚어지던 때였다. 가장 큰
정치적 갈등 요소는 바로 권력의 분배였다. 왕위를 누가 차지
할 것인지, 그리고 고려의 건국과 통일 과정에서 공을 세운 신
하들에게 어느 정도의 권력을 허용할 것인지에 대한 문제였
다. 광종의 행동에 대한 평가는 엇갈리지만, 적어도 그가 이러
한 시대적 문제에 대하여 적극적으로 대응했다. 광종의 정치
적 목표는 왕권을 강화하고 공신들의 권력을 제한하는 것이
었다.

광종대를 겪고 이후 성종대까지 조정에서 활동한 최승로의 말에 따르면, 광종의 즉위 초반은 평화롭고 좋은 정치가 펼쳐진 시기였다고 한다. 『고려사』와 『고려사절요』에서도 955년(광종 6)까지는 특별한 갈등 상황을 기록하고 있지 않다. 변화가 보이는 것은 956년(광종 7)에 쌍기를 중용하고 노비안검법을 시행한 이후부터이다. 최승로 역시 이 시점부터 광종의 정치가 폭력적으로 변했다고 비판했다. 광종이 본격적으로 왕권 강화와 공신 세력 제압에 나섰다는 것이다. 공신이자 유력한 세력 가문의 출신이었던 광종의 부인 대목왕후가 노비안검의 시행을 만류한 점이나, 이때 풀려난 노비들이 옛 주인을 무시하는 문제가 생겼다는 이유로 훗날 다시 노비로 돌리는 조치가 시행된 점은 노비안검이 유력 가문들을 견제하기 위한 조치였다는 점을 말해준다. 또한 광종이 고려 신하들의 불만을 야기할 정도로 중국인들을 관료로 중용했던 것도 같은 맥락에서였다. 서필(徐弼)이 이러한 조치에 대해 간언을 올린 것이나, 훗날 최승로가 쌍기의 중용에 대해 강하게 비판한 것은 당시의 분위기를 잘 보여준다.

광종이 박수경(朴守卿) 가문처럼 당대 최고의 공신 가문을 몰락시킨 일이나, 역모에 대한 참소가 올라오면 누구라도 강력하게 처벌한 것은 그가 얼마나 강경한 태도를 보였는지를 말해준다. 이러한 살벌한 숙청을 피하기 어려웠고, 광종의 태자조차 몸을 사려야 했다. 참소가 극심하여 감옥이 부족했고, 죄 없이 죽임을 당하는 자가 많았다는 당시 상황은 상당 부분 실상을 반영하고 있다.

그 결과, 광종이 사망한 뒤에 그 아들인 경종은 즉위 직후에 크게 사면령을 내려서 민심을 수습해야 했다. 또한 복수법을 만들어 광종대에 피해를 입은 사람들의 복수 행위로 다시 수많은 사람이 목숨을 잃었고, 결국 이를 금지하는 명령이 내려져야 했을 정도였다.

광종대의 여러 개혁과 제도 시행을 통해 고려의 국가 체제는 한층 정비될 수 있었다. 그 과정에서 수많은 사람이 목숨을 잃기도 했다. 훗날 최승로는 혜종대부터 광종대까지의 정치에 대해 고려를 세운 공신들과 초기의 관료들 대부분이 그 정치적 혼란 속에서 목숨을 잃거나 실각했다는 점을 안타까워했다. 또한 태조 왕건의 아들들 역시 대부분 비극적인 운명을 맞이했다. 이러한 혼란과 갈등은 경종대에도 봉합되지 못했고, 그다음 국왕인 성종대에 가서야 일단락될 수 있었다. 광종대는 고려가 통일 이후 안정된 국가 체제를 수립하는 과정에서 또 한 번 겪어야 했던 진통의 시기였다.

경종(景宗)

고려왕조의 새벽, 새로운 시작

아버지와 신하들에게 눌린 국왕

고려 5대 국왕인 경종은 이름은 주(伷)이고, 자는 장민(長民)이다. 995년(광종 6)에 태어나 981년(경종 6)에 사망했다. 광종과 대목왕후(大穆王后) 황보씨 사이에서 맏아들로 태어났다.

비는 경순왕의 딸 헌숙왕후(獻肅王后) 김씨, 문원대왕(文元大王)에 추존된 왕정(王貞)의 딸 헌의왕후(獻懿王后) 유씨(劉氏), 대종(戴宗)의 딸 헌애왕후(獻哀王后, 千秋太后) 황보씨(皇甫氏), 헌정왕후(獻貞王后) 황보씨이다. 헌애왕후와의 사이에서 목종을 낳았다.

즉위 초에 왕선(王詵)을 집정으로 삼아 정권을 맡겼는데, 태조의 아들 천안부원낭군(天安府院郎君)을 죽이는 등 전횡을 일삼자 귀양보냈고, 980년의 왕승(王承)의 모반도 제압하여 위기를 넘겼다. 976년 전시과를 제정하여 고려 토지제도의 기초를 다졌고, 과거제도를 다시 시행했으며, 송과의 국교도 돈독히 했다. 981년 병이 위독해지자 사촌 동생인 개령군(開寧君) 왕치(王治, 성종)에게 왕위를 넘겼다. 여러 가지 치적이 있음에도 불구하고 정사에 뜻이 없고 오락과 여색을 탐하고 바둑을 좋아해 정치와 교화가 쇠퇴했다는 평가를 받고 있다.

아버지에게 기를 펴지 못한 어린 시절

경종은 어린 시절은 그리 순탄하지는 않았다. 자라는 동안 그는 아버지 광종의 왕권강화책으로 인해 수많은 사람이 희생되는 것을 봐야만 했다. 그 대상에는 왕실의 사람들도 포함되었다. 광종은 아들인 주(伷, 경종)까지도 의심을 할 정도였다. 960년(광종 11) 기록을 보면, 의심을 받은 경종이 아버지 광종에게 가까이 다가가지 못할 정도였다고 한다, 그나마 경종이 목숨을 부지할 수 있었던 것은 어머니 대목왕후 덕분이었다.

이러한 사정과 관련해 최승로는 "경종은 깊은 궁궐에서 태어나 부인(婦人)의 손에서 자랐던 까닭에 문밖의 일을 보아서

안 적이 없습니다. 다만 천성이 총명하기 때문에 광종 말년을 당하여 능히 후회할 만한 과오를 면해 천자의 지위를 계승할 수 있었습니다"라고 했다. 부인의 손에 자라 문밖의 일을 알지 못했다는 말은 대목왕후의 보호 아래서 자랐음을 말해준다. 대목왕후는 광종의 누이이자 부인이기는 했지만, 노비안검법 문제로 서로 대립하기도 했다. 정치적 성향이 다른 부모 밑에서 자란 것이다. 광종 말년에 천성이 총명해 후회할 만한 과오를 면했다는 최승로의 언급은 경종이 광종의 심기를 거스르지 않았고, 그로 인해 즉위할 수 있었다는 말로 해석할 수 있다. 그만큼 경종이 아버지의 신임을 잃지 않기 위해 매우 많은 노력을 기울였다.

경종은 11살인 965년(광종 16) 2월에 다음 대를 이을 태자의 신분인 '정윤(正胤)'에 책봉되었다. 원복(元服)을 입고 정윤 내사 제군사 내의령(正胤內史諸軍事內議令)에 제수되었다. 원복은 성인식인 관례를 올릴 때 입는 복장이다. 관례는 대개 결혼 직전인 15~16살에 이루어진다는 점을 고려하면, 경종의 관례는 조금 이른 편이었다. 정윤에 임명될 때 그는 병사에 관련된 모든 일을 관장하는 제군사(諸軍事)와 임금을 보좌하는 비서실장격인 내의령에 함께 임명되었다. 11살의 경종이 그런 거대한 권력을 감당할 만한 능력이 있었다기보다는, 상징적인 지위로 보는 것이 타당하다.

부왕의 개혁을 후퇴시키다

21살이 되던 975년(광종 26) 5월에 광종이 사망하자, 정윤 왕주가 왕위를 계승했다. 왕위에 올라서 처음 한 일은 아버지 광종에 의해 귀양을 갔던 사람들을 복귀시키거나, 감옥에 갇혀 있던 이들과 죄에 연루되었던 자들을 풀어주는 일이었다. 그는 또한 광종대에 승진하지 못했던 사람을 발탁하거나, 관작을 빼앗긴 사람들을 복직시켜 주었다. 그리고 채무를 덜어주거나 조세와 공납을 덜어주는 일도 동시에 진행했으며, 광종대에 임시로 설치됐던 감옥을 헐고 다른 사람들을 모함하는 참소의 글들을 불살라 버렸다.

이는 아버지 광종이 한 일들을 부정하는 행동이었다. 실제로 경종대에는 광종대에 피해를 입은 이들이 대거 실세로 등장했다. 특히 경종은 광종대에 참소를 입은 사람들에게 복수할 것을 허락했는데, 그 복수 과정에서 많은 사람이 피해를 입었다. 대체로 광종의 개혁 활동에 동참했던 관료들이 타격을 입었다. 결국 무분별한 복수 허용은 다시 억울한 일을 당하는 이들이 생겨나게 만들기도 했다. 심지어 집정이었던 왕선이 복수를 핑계로 태조의 아들인 천안부원군을 죽이는 일까지 벌어졌다. 복수를 허용했다 해도 얼마 남지 않은 태조의 자식들에게까지 억울하게 피해가 갔던 것이다. 경종은 결국 복수하는 것을 금지했다.

이와 관련하여 경종이 순질(筍質)과 신질(申質)을 각각 좌집정(左執政)과 우집정(右執政)으로 삼아, 내사령(內史令)을 겸하게 했다. 이는 왕선의 만행 이후 내려진 조치로, 집정을 둘로 나누어 권력을 분산시키려는 조치였다.

첫 토지 개혁인 전시과를 시행하다

경종은 976년(경종 원)에 전시과(田柴科)를 시행했다. 토지는 당시 경제생활의 가장 기본이었다. 따라서 국가에서는 관료 및 군인들에게 지급하는 급료를 농사를 지을 수 있는 전지(田地)와 땔감 등을 공급하는 시지(柴地)로 나누어 지급했다. 이것을 전시과라 한다. 처음 정해졌다 해서 '시정전시과(始定田柴科)'라고도 한다. 관리들은 지급받은 땅에서 얻은 수확물로 생활을 꾸려나가야 했다. 따라서 이들에게 토지를 어떻게 지급하는지는 매우 중요한 문제였다. 이제현(李齊賢)은 이 일에 대해 "착한 정치는 반드시 토지의 경계를 바르게 하는 것으로부터 시작된다. 경계가 바르지 못하면 정전이 공평하게 나누어지지 못하고 관리들의 녹봉도 불공평하게 된다"라고 한 것은 이 사업의 중요성을 말해준다.

경종 이전의 토지제도인 역분전(役分田)은 후삼국 통일 전쟁 때 공로를 세운 이들에 대한 논공행상의 성격이 강했다. 지급기준을 성품의 선악과 공의 많고 적음에 두었기 때문이다. 하지만 이후 관직 체계가 체계화와 과거제가 시행되면서 그에 따라 적절하게 토지를 분급하는 기준이 필요했다. 이에 따라 경종대에 실시된 전시과에서는 자삼(紫衫)·단삼(丹衫)·비삼(緋衫)·녹삼(綠衫)의 4가지 색의 공복에다 문반과 무반, 그리고 잡업으로 구분하고 여기에 다시 몇 단계씩의 차등을 두어 토지를 지급했다. 물론 이때의 시정전시과는 초창기의 토지 급여제였던 까닭에 인품도 고려되는 등 완벽하지는 않았다. 하지만 고려전기 토지제도의 시원이 된다는 점에서 그 의미가 크다.

신하들에게 억눌린 국왕

아버지에게 억눌린 어린 시절을 살았던 경종은 왕위에 올라서도 자신의 뜻대로 정치를 주도하지는 못했다. 이는 최승로가 "정치의 법도를 알지 못하여 권호(權豪)에게 오로지 맡겼기 때문에 피해가 종친에게까지 미치고"라고 한데서 알 수 있다. 권호는 집정 왕선 등을 가리키는 것으로 보인다. 최승로는 이어서 "이로부터 사사로움과 올바름의 구분이 없고 상과 벌이 한결같지 않아 올바른 정치에 미치지 못하고 정사를 게을리하여 드디어 여색에 빠져서 향악을 즐기고 잇따라 바둑과 장기로써 종일토록 시간을 보내니, 경종의 좌우에는 오직 중관(中官)과 내수(內竪)뿐"이라고 했다. 중관과 내수가 환관을 지칭하는 것임을 고려하면, 경종 주위에는 제대로 된 신하들이 그리 많지 않았음을 뜻한다. 경종이 정치를 적극적으로 행할 수 있는 환경을 조성하지 못했던 것이다. 이런 상황에서 경종이 할 수 있는 것이라고는 여자를 만나거나 음악을 듣거나 아니면 바둑이나 장기를 두는 등 오락에 빠져 현실의 상황에서 회피하는 것 외에는 달리할 수 있는 일이 없었을 것이다.

물론 최지몽처럼 '반적(叛賊)'이 있을 것이라며 반역의 음모를 미리 경고하여 경종의 안위를 걱정하는 이도 있었다. 최지몽은 980년(경종 5)에 왕승 등의 반역을 알아차리고 경종에게 숙위를 거듭 경계해 뜻밖의 변고에 대비하라고 했다. 실제로 얼마 안 가서 왕승 등이 반역을 도모하다가 발각되어 처형을 받기도 했다. 하지만 최지몽 같은 이들은 그리 많지 않았던 듯하다.

경종은 981년(경종 6) 6월에 심각한 병에 걸리고 말았다. 나이 26살로, 한창 열정적으로 일할 때였다. 경종은 점점 병이 깊어지자, 처남이자 4촌 동생인 왕치(王治, 성종)에게 왕위를 물려주었다. 최승로는 이 일을 경종이 한 일 가운데 가장 훌륭한 업적으로 강조했다. "경종에게도 또한 족히 아름답다고 칭할 만한 것이 있습니다. 대저 처음 병환에 걸렸을 때 아직 위독하지 않았는데 침실에서 성상(성종)의 손을 잡고 군국의 큰 임무를 부탁했으니, 이는 사직의 복일뿐만 아니라 또한 인민의 행복이다"라고 할 정도였다. 성종에게 왕위를 넘겨준 것이 가장 아름답다고 할 만한 일이라는 것이다. 이러한 최승로의 언급은 재위 기간에 국정을 주도하지 못했던 경종의 업적이 그리 크지 않았음을 의미한다.

성종(成宗)
국초의 혼란을 딛고 국가 체제를 정비하다

고려를 고려답게 이끈 국왕

고려 6대 국왕인 성종의 이름은 치(治), 자(字)는 온고(溫古)
이다. 960년(광종 11)에 태어나 997년(성종 16)에 사망했다. 태
조 왕건의 손자이며, 아버지는 대종(戴宗)으로 추존된 왕욱(王
旭)이고, 어머니 선의태후(宣義太后) 류씨(柳氏) 사이에 둘째
아들로 태어났다. 어머니가 일찍 죽어 할머니 신정왕태후(神
靜王太后) 황보씨에 의해서 길러졌다. 형으로 효덕태자(孝德太
子), 남동생으로는 경장태자(敬章太子)와 여동생은 경종의 세
째 비인 헌애왕후(獻哀王后) 황보씨와 넷째 비인 헌정왕후(獻

貞王后)가 있다.

비는 광종의 딸 문덕왕후(文德王后) 유씨(劉氏), 김원숭(金元崇)의 딸 문화왕후(文和王后)이며, 후궁은 최행언(崔行言)의 딸 연창궁부인(延昌宮夫人)이다. 원화왕후(元和王后)를 낳았다. 성종의 딸들은 모두 현종과 혼인했다. 이 때문에 선왕의 아들이자 성종의 조카인 개령군이 목종으로 즉위했다.

나이 어린 조카를 대신에 왕위에 오른 성종의 재위 시기는 고려 초기의 왕위 계승을 둘러싼 분쟁이 일단락되면서 국가 체제를 정비하는 데에 많은 성과가 있었던 때로 평가된다. 한편 성종의 재위 후기에는 거란과의 1차 전쟁이 벌어져 국제 관계에도 중요한 변화가 일어나게 되었다.

사촌 형에게 물려 받은 왕위

성종은 태조 왕건의 손자이며, 아버지는 대종(戴宗)으로 추존된 왕욱이다. 아버지는 왕위에 오르지 못했으나, 경종이 사망하기 전에 다음 국왕으로 그를 선정하여 왕위에 오를 수 있었다. 당시 경종은 27살의 젊은 나이였기 때문에, 그 아들인 왕송(王誦)은 2살의 갓난아이였다. 때문에 경종은 사촌 간인 개녕군(開寧君) 왕치를 후계자로 선정했다. 이때 성종은 나이 22살의 젊은이였다. 경종은 유조(遺詔)를 내려 "정윤(正胤) 개령군 왕치는 나라의 어진 종친(宗親)이고 내가 우애(友愛)하는 바니, 반드시 조종(祖宗)의 대업(大業)을 받들고 국가의 창성(昌盛)할 기틀을 지킬 수 있을 것이다. 아! 너희 공경(公卿)과 재신(宰臣)은 나의 큰동생을 공경하고 지켜서 길이 우리 큰 나라를 편안하게 하라"고 신료들에게 당부했다. 이러한 경종의 배려에 훗날 성종이 세상을 떠나면서 경종의 아들인 왕송에게 다시 왕위를 물려주었으니, 그가 바로 목종이다.

경종이 여러 왕족 가운데 성종을 후계자로 선정한 데에는 가족 관계도 중요한 영향을 미쳤다. 우선 성종의 아버지인 대종과 경종의 어머니인 대목왕후는 모두 태조 왕건과 신정왕태후 황보씨의 자식이었다. 또한 성종은 세 부인을 두었는데, 그중 문덕왕후(文德王后)는 바로 광종의 딸이었다. 경종이 나이가 어린 아들 대신 그를 후계자로 선정한 데에는 이렇게 두 사람의 가까운 가족 관계가 영향을 미쳤다.

유교를 이념으로 국가 체제를 정비하다

성종대에는 국가 체제 전반에 걸쳐 수많은 정비가 시행되었다. 태조 왕건의 사망 이후 왕위 계승과 군신(君臣) 간의 권력을 둘러싸고 벌어졌던 혼란은 성종대에 와서야 비로소 일단락되었다. 그리고 이 시기에는 그동안의 혼란을 정리하고 국가의 기틀을 다져야 했다. 바로 유학적 정치 운영의 추구였다. 그 목표는 군신 간의 관계를 안정시키고 국가의 운영 체제를 정상화하는 데에 있었다.

성종은 982년(성종 원) 6월에 5품 이상의 관리들에게 당시의 정치 현안에 대한 견해를 정리하여 올리도록 했다. 이 중 최승로가 올린 글이 '시무(時務) 28조'이다. 그중 22조항이 전해지는 이 건의에는 대체로 국왕과 신하가 권력을 남용하지 말고 조화롭게 정치를 펼칠 것을 강조하는 한편, 각종 폐단을 시정하고 유학적 정치 원리에 따를 것을 강조했다.

988년(성종 7)에 이양(李陽)이 올린 건의와 990년(성종 9)에 김심언(金審言)이 올린 건의도 같은 맥락이었다. 이양은 월령(月令)과 『주례(周禮)』에 기반한 정치를 펴야 한다고 했고, 김심언은 『설원(說苑)』에 나오는 6정6사(六正六邪)와 『한서(漢書)』의 자사(刺史) 6조를 설명하며 신하의 올바른 자세에 대하여 논했다.

이러한 지향점은 의례 시행과 법규 제정을 통해 구체화했다. 983년(성종 2)에 원구단(圓丘壇)을 설치하고 태조의 신위를 모셔서 풍년을 기원한 일이나, 국왕이 직접 적전(籍田)을 갈고 신농씨(神農氏)와 후직(后稷)을 제사 지낸 일을 예로 들 수 있다.

또 역대의 선조들을 모시는 태묘(太廟)를 세우고, 관리들이

상(喪)을 당했을 때 예법에 따라 휴가를 주는 제도도 마련했다. 올바른 정치에 대한 이러한 관심은 백성들의 삶에 대한 관심으로도 이어졌다. 986년(성종 5)에는 의창(義倉) 제도를 시행하여 가난한 백성들을 위한 구호책을 마련했다. 993년(성종 12)에는 상평창(常平倉)을 설치하여 곡식의 물가를 조절하게 했다. 한편 990년(성종 9)에는 전국에서 효자 등을 찾아 상을 내렸다. 당시 효(孝)는 충(忠)과 직결되는 매우 중요한 가치로 대우받고 있었다. 이러한 조치 역시 당시의 정치가 지향했던 바를 널리 알려 사회의 기강을 바로잡고자 했던 목적이 있었다.

성종은 중앙의 정치조직에 대해서도 개편을 단행했다. 중국의 제도를 참고하여 기존의 관부를 개편했는데, 3성(三省) 6부(六部) 제도의 실시와 중추원(中樞院)의 설치였다. 3성은 원래 중국 당의 제도로, 중서성(中書省)·문하성(門下省)·상서성(尙書省)을 중앙 정치조직의 최상층에 두고 국정을 운영하는 제도였다. 실제 운영은 중서문하성(中書門下省)과 상서성(尙書省)의 2성 체제로 했다. 6부는 실무 기구로, 이부(吏部)·병부(兵部)·호부(戶部)·형부(刑部)·예부(禮部)·공부(工部)를 말한다. 한편 중추원은 송의 추밀원(樞密院)을 참작하여 설치한 기구로, 송에 사신으로 갔던 한언공(韓彦恭)의 건의에 따라 만들어졌다. 이 기구의 임무는 군사기무(軍事機務)를 처리하고 왕명출납(王命出納)을 담당했다.

또한 이 시기에 훗날 고려의 법제를 관장하는 식목도감(式目都監)과 군사 문제를 담당한 도병마사(都兵馬使) 제도의 기반이 마련되었다. 그리고 관리들의 조직에 대해서 중국식의 문산계(文散階)를 도입하고, 얼마 뒤 무산계(武散階)를 들여와 향리(鄕吏) 등에 대한 위계로 사용했다. 이렇듯 성종 시기에는 고려 중앙 정치조직의 큰 틀이 수립되었다. 이러한 성종대의 정치조직 개편은 중앙집권을 추구했다.

한편 성종대에는 군현의 행정 조직과 향리 조직에 대해서도 개편이 이루어졌다. 983년(성종 2)에 먼저 중요한 지역에 지방관을 파견했다. 전국에서 주요 지역을 선정하여 12목(牧)을 두었다. 국초에는 아직 중앙에서 지방관을 널리 파견하지 못하고, 군현의 일은 그 지역의 향리들에게 맡겨져 있었다. 최승로가 올린 「시무 28조」에도 이에 관한 내용이 담겨 있다. 향리들이 자의적으로 백성들을 다루어 문제가 되고 있으니, 조정에서 지방관을 파견해 한다는 건의를 한 것이다.

12목이 잘 기능할 수 있도록 성종은 여러 차례 보완 조치를 내렸다. 처음에는 이곳에 지방관 본인만 부임할 수 있었으나 986년(성종 5)에는 가족과 함께 내려가 안정된 생활을 할 수 있도록 했다. 987년(성종 6)에는 군현에 교육을 담당하는 경학박사(經學博士)와 의학박사(醫學博士)를 파견했다. 또한 993년(성종 12)에는 개경·서경과 함께 12목에도 상평창을 설치하여 백성들의 삶을 살피도록 했다. 983년(성종 2)에는 각 지방의 관청에 공해전(公廨田)을 지급하여 경제적인 기반을 마련하여 주기도 했다. 995년(성종 14)에는 12목에 절도사(節度使)를 두어 군사적인 기능을 강화한 체제로 개편했다.

이렇게 군현에 지방관을 파견하는 한편, 향리들에 대한 통제를 강화하려는 시도도 함께 이루어졌다. 당시 향리들은 지역에 따라 다양한 위계 조직을 갖추고 있었는데, 983년(성종 2)에 이를 정리하여 호장(戶長) 등으로 일괄 개편했다. 이는 중앙의 행정력으로 군현의 권력 구조에 개입한 것이라 볼 수 있다.

또한 이 시기 군현제도의 개편 중에 주목할 만한 것은 10도(道)의 설치였다. 전국을 관내도(關內道)·중원도(中原道)·하남도(河南道)·강남도(江南道)·영남도(嶺南道)·영동도(嶺東道)·산남도(山南道)·해양도(海陽道)·삭방도(朔方道)·패서도(浿西道)로 나누었다. 물론 이는 행정구역이라기보다는 광역의 순찰 구획으로 보고 있으나, 전국을 구역화하려는 시도로서 의미가 있다.

성종은 유학적 정치 운영을 추구했다. 이 목표를 이루기 위해 무엇보다 중요한 것은, 이러한 정치 질서를 익히고 관리가 되어 정치에 참여할 후속 세대를 안정적으로 확보하는 일이었다. 유학적 소양을 갖춘 인재를 확보하고 정치에 참여시키는 일을 말한다. 이를 크게 교육과 선발로 나눌 수 있다.

고려는 국초부터 학교를 설치하여 교육을 보급하는 일에 신경을 썼다. 성종은 우선 학교를 진흥시키려고 전국에 퍼져 있는 인재들을 조정의 예비 관리층으로 확보하려 노력했다. 986년(성종 5)에 성종은 개경에 각지의 향리 자제 260명을 모아 교육을 받게 했다. 그러나 이들 중 207명은 고향으로 돌아가고 53명만이 남겠다는 의사를 표명했다.

성종은 992년(성종 11)에 개경의 경치 좋은 곳에 국자감(國子監)을 크게 짓도록 하여, 중앙의 학교 교육 진흥에 대한 의지를 보여주었다. 그리고 고향으로 돌아간 향리 자제들에 대해서도 이들이 돌아갈 때도 비용으로 베[布]를 넉넉히 내려주었다. 또한 군현에 인재가 있으면 천거하여 개경으로 올리도록 지시했다. 989년(성종 8)에는 일반 군현에서 개경으로 올려보낸 과거 시험 응시자의 수를 검토하여 성과가 좋았던 교육 담당 관리를 포상하는 한편, 문신들에게 제자를 두도록 권장했다. 그리고 담당 관리가 성과를 전혀 내지 못했다면 다른 관직으로 이동하지 못하게 하고 유임시켜 성과를 내도록 했다. 이 해에 성종은 또 12목과 여러 고을에 파견된 경학박사와 의학박사에게 술과 음식을 내려 격려하기도 했다.

당시 교육의 가장 큰 목표가 관리 양성이었던 만큼, 성종은 과거제를 통한 인재 선발에도 큰 관심을 기울였다. 광종대에 고려에 처음 도입된 과거제는 학문적 능력을 갖춘 인재를 관리로 선발하는 중요한 제도였다. 하지만 광종대와 경종대에는 비교적 시행 횟수나 급제자의 수가 많지 않았기 때문 성종대에 와서 이를 한층 활성화했다. 거의 매년 과거가 시행되었으며, 성종대 후기로 갈수록 한 회의 급제자 수도 이전보다 2배 이상 늘어났다. 국왕이 급제자들을 모아 직접 다시 시험 보는 복시(覆試)를 처음으로 거행했다. 또한 응시자의 수를 확인하거나 급제자들의 답안을 직접 검토하고 이에 대해 품평까지 함으로써, 과거 시험에 대한 자신의 높은 관심을 드러내었다.

성종의 재위 기간이 유교적인 정치를 추구했지만, 불교를 특별히 소외하거나 억압하지는 않았다. 최승로가 시무 28조에서 당시 불교계의 현실에 대해 신랄하게 비판한 것은 그 폐단에 대한 것이었지, 불교를 억압해야 한다는 논지는 아니었다. 당시 불교는 사람들의 생활과 문화와 밀접하게 연결되어 있었으므로 불교를 억압한다는 것은 현실적으로 어려운 일이었다. 성종 본인도 태조에게 제사를 올리는 날과 돌아가신 아버지의 제사 때에 불공을 올리고 짐승의 도살을 금지한다는 등의 내용이 담긴 교서를 반포하기도 했다.

최승로의 상소문에서도 성종이 여철(如鐵)이라는 승려를

지나치게 우대하고 있다는 점이 거론되었음을 보면, 성종이 유학적 정치를 추구했다고 하여 불교를 멀리한 것이 아님을 알 수 있다. 그는 훗날 임종을 맞이할 때도 내천왕사(內天王寺)로 옮겨 죽음을 준비하기도 했다.

이 시기의 불교와 관련해서는 송나라로부터 대장경(大藏經)을 도입한 일이다. 991년(성종 10)에 송에 사신으로 갔던 한언공이 완성된 대장경 1질을 얻어 고려로 가져왔다. 당시 성종은 이를 궁궐로 맞이하여 읽어보는 한편, 사면(赦免) 교서를 내려 이를 축하했다. 이는 고려의 대장경 제작에 밑거름이 되었다.

이처럼 다양한 방면에서 국가 체제 정비가 추진된 만큼, 이에 대해 반발도 컸다. 성종의 체제 개편이 지나치게 중국식 제도를 도입한 것이기 때문이었다. 그 과정에서 고려의 문화가 배제되고 있다는 비판이 제기되었다.

성종의 정책에 대한 비판은 1차 거란의 고려 침입 당시 이지백(李知白)이 제기한 상소문에 잘 드러 있다. 그는 당시 조정의 논의가 영토 할양을 통한 강화 쪽으로 기울자, 이를 반대하며 선대로부터 전해오던 연등(燃燈)·팔관(八關)·선랑(仙郎) 등을 다시 거행하고 타국의 풍속을 본받지 않아야 한다고 했다. 당시 성종이 중국의 풍습을 도입하는 것에 대해 좋아하지 않는 여론이 있었다는 것을 반증한다.

이러한 여론은 성종이 즉위한 직후에 팔관회의 행사가 번잡하고 바르지 않다고 중단시킨 것과 987년(성종 6)에는 개경과 서경에서 개최되던 팔관회를 아예 중지시켰던 일과 관련이 있다. 태조 이래 국가적으로 중시했던 전통적인 이 행사를 중단시킨 일은 당시의 각종 체제 정비의 방향이 지나치게 고려 고유의 모습에서 벗어나고 있다는 불만을 품기에 충분했다.

1차 고려-거란 전쟁을 막아내다

성종대 초반에 고려는 송과 긴밀한 외교 관계를 유지하는 한편, 한반도 북부 지역과 만주 일대에 흩어져 살던 여진족과는 마찰을 빚었다. 성종은 압록강 하류 일대에 대한 통제를 시도했으나, 현지 여진 부족들의 반발로 어려움을 겪고 있었다. 이런 상황에서 거란은 송과의 대치 구도에서 유리한 고지를 차지하기 위해, 송과 고려의 유대 관계를 끊고자 했다. 결국 993년(성종 12) 겨울에 거란은 소항덕(蕭恒德, 蕭遜寧)이 이끄는 군대를 보내 고려를 침략하여 1차 고려-거란 전쟁이 일어났다.

거란과의 전쟁에 충분히 대비하지 않고 있었던 고려는 초기 전투에서 어려움을 겪었으나, 안융진(安戎鎭) 전투에서의 승리와 서희(徐熙)의 성공적인 외교적 교섭 등에 힘입어 전쟁을 확대시키지 않고 거란과 화의(和議)를 맺었다.

그 결과 고려는 송과의 외교 관계를 단절하고 거란과 사대 관계가 성립되었으나, 한편으로는 압록강 하류 유역까지를 고려의 영역으로 인정받아 안정적으로 통제할 수 있게 되었다. 그리고 서희의 지휘 아래 이 지역에 강동(江東) 6주를 설치하여 국경의 경계와 영역 획정 작업을 수행하는 한편, 훗날의 전쟁에 대비하는 방어선을 구축할 수 있었다.

성종은 체제 정비와 외교활동을 통해 불교 중심 사회에서 유교 중심 사회로의 전환을 꾀했다. 건국 이후의 고려는 밖으로는 국왕을 칭하지만 안에서는 황제를 칭하는, 이른바 '외왕내제(外王內帝)'를 지향했다. 때문에 송과의 외교 정책과 동시에 송을 종주국으로 하는 사대외교 정책을 추진하여 공신과 귀족들의 반발을 초래했다. 그럼에도 불구하고 정치·사회·문화 전반에 걸친 개혁을 통해 중앙집권적 국가 체제의 기틀을 마련했다는 점은 부인할 수 없다.

목종(穆宗)

고려왕조의 아침, 수난과 전쟁의 시대

비극적 결말에 가려진 12년의 왕위

고려 7대 국왕인 목종은 이름은 송(誦), 자는 효신(孝伸)이다. 980년(경종 5)에 태어나 1009년(목종 12)에 사망했다. 경종과 훗날 대종(戴宗)으로 추존되는 왕욱(王旭)의 딸 헌애왕태후(獻哀王太后) 황보씨와의 사이에서 맏아들로 태어났다. 목종이 즉위한 후 어머니를 '응천계성정덕왕태후(應天啓聖靜德王太后)'로 올렸는데, 거처가 천추전(千秋殿)이었기 때문에 그녀를 '천추태후(千秋太后)'로 불렀다. 종실인 홍덕원군(弘德院君) 왕규(王圭)의 딸 선정왕후(宣正王后) 유씨(劉氏)와 혼인했으나, 자녀가 없었다.

17살에 즉위하여 전시과를 개정하고, 과거법을 정비했으며, 서경을 중시했다. 하지만 천추태후와 김치양(金致陽)의 영향력을 제어하지 못했다. 김치양의 난으로 대량원군(大良院君)을 후계자로 세우기 위해 강조(康兆)에게 개경으로 들어와 호위하도록 명령했지만, 오히려 강조에게 시해되었다.

출생과 사촌에서 물려받은 왕위

목종은 980년(경종 5) 5월에 태어났다. 갓 태어난 경종의 첫째 아이는 왕실과 나라의 경사로 많은 기쁨을 주었을 것이다. 하지만 이 무렵은 왕승의 반역 시도가 적발되는 등 정국이 어수선한 시기였다. 그런데 목종이 막 돌이 지났던 981년(경종 6) 6월, 아버지 경종은 심한 병이 들고 말았다. 목종은 경종의 유일한 자식이었으나, 겨우 2살의 갓난아이가 바로 왕위 계승권자가 되기는 어려웠다.

결국 경종은 처남이자 사촌 동생인 개령군 왕치에게 왕위를 넘겨주었다. 그가 성종이다. 성종은 16년 동안 나라를 다스리는 동안 병이 들었고, 아들이 없었던 까닭에 그는 다시 자신에게 선위했던 경종의 아들 목종에게 왕위를 물려주었다. 이렇게 즉위한 목종은 당시 기준으로 어린 나이는 아니었지만, 어머니 천추태후가 섭정을 했다. 목종은 12년 동안 재위했다.

성종은 목종을 궁중에서 양육했고, 990년(성종 9) 개령군으로 책봉했다. 이후 7년 만인 17살의 나이로 즉위했다. 목종은 성품이 침착하고 굳세며 국왕의 도량이 있었다고 한다. 활쏘기와 말타기를 잘하고 술을 즐기며 사냥을 좋아했다. 그러나 정치에는 뜻이 없었으며, 측근만을 가까이했다는 평가를 받았다.

관료 조직을 정비하다

목종은 우선 관료로 충원할 인재를 양성하고 선발하는 제도인 교육과 과거제에 대해 깊은 관심을 보였다. 1003년(목종 6) 1월에는 개경·서경·동경 및 10도(道)의 관리들에게 교서를 내려, 부진한 향학열을 부흥시키고 교육 효과가 높았던 박사(博士)와 사장(師長, 스승)을 적어 보고하도록 했다. 또한 이들 지방관에게 관내에서 재주와 학식이 있는 사람들을 천거하도록 지시했다.

이어 1004년(목종 7) 3월에는 과거법을 개정했다. 이전에는 제술업(製述業)의 경우 봄에 시험을 보고 가을에 합격자를 발표했으나, 이때 개편하여 3월에 나흘간 시험장을 폐쇄한 채로 시험을 보고 열흘 뒤에 합격자를 발표하는 것으로 했다. 또한 명경업(明經業)과 잡업(雜業)은 전년도 11월에 선발을 마쳤다가 제술업 합격자와 함께 발표하는 것으로 정했다. 목종대에 과거 급제한 대표적인 인물로는 황주량(黃周亮)과 최충(崔沖)을 들 수 있다.

이미 선발된 관료들에 대한 보수 지급 방식인 전시과도 이 시기에 개편되었다. 998년(목종 1) 12월에는 문무양반은 물론 군인에 대한 지급 체계를 모두 개편했다. 이에 앞서 3월에는 이미 퇴직한 군현(郡縣)의 안일호장(安逸戶長)에게 직전(職田)의 절반을 지급한다는 규정을 세웠다. 중앙 관리와 향리, 군인들에 대한 보수 체계에 전반적인 정비가 이루어졌다. 이때 개정된 전시과는 보통 경종대의 '시정전시과(始定田柴科)', 문종대의 '경정전시과(更定田柴科)'와 구별하기 위해 '개정전시과(改定田柴科)'로 불린다. 이러한 개정은 관료제도가 이전보다 정비되면서 포함 범위가 넓어지고 체계화되었기 때문이었다.

한편 1005년(목종 8) 3월에는 지방관 제도를 개편하여, 12절도(節度)·4도호(都護)와 동계(東界)·서북계(西北界)의 방어진사(防禦鎭使)·현령(縣令)·진장(鎭將)만을 두고, 그 나머지 관찰사(觀察使)·도단련사(都團練使)·단련사(團練使)·자사(刺史)는 모두 폐지했다. 성종대에 제정되었던 지방제도의 개편이 있었음을 알 수 있다.

선대가 추진한 북방 영역을 정비하다

목종은 서경을 중시했다. 998년(목종 1) 7월에 서경의 명칭을 '호경(鎬京)'이라 고쳤으며, 이듬해 10월에 호경에 행차하여 각종 은전을 베풀었다. 목종은 1004년(목종 7) 11월에도 호경으로 가서 제사를 지내고 각종 시혜를 베풀었다. 또 1007년(목종 10) 10월과 1008년(목종 11) 10월에도 같은 조치가 있었다. 물론 이러한 조치는 태조대 이래의 서경 중시와 맥락이 닿는 것이지만, 다른 한편으로는 천추태후 등 황주(黃州, 황해도 황주)를 본관으로 하는 황보씨의 세력 확장 의도와 연결된 것이기도 하다.

목종대에는 서경뿐만 아니라 다른 북방 지역의 요충지에 대해서도 정비가 진행되었다. 1000년(목종 3)에는 덕주(德州)에, 1001년(목종 4)에는 평로진(平虜鎭)에 성을 쌓았고, 1003년(목종 6)에는 덕주·가주(嘉州)·위화(威化)·광화(光化) 네 곳의 성을 수리했으며, 1006년(목종 9)에는 등주(登州)·귀성(龜城)·용진진(龍津鎭)에, 1008년(목종 11)에는 통주(通州)에 성을 쌓았다.

이러한 조치들은 태조 이래로 고려가 지속해 온 북방 영역 통치 강화책을 계승하는 것이다. 또한 앞선 성종대에 거란과 전쟁을 겪으면서 느낀 방어선 강화의 필요성과 여진 부족들에 대한 통제와 대비를 염두에 둔 것이었다. 이러한 지속적인 대비가 누적되었기에 훗날 두 차례의 거란 침입을 모두 물리칠 수 있었다.

천추태후와 김치양의 야망, 그리고 강조의 정변

목종 재위 12년간의 주요한 정치활동은 자세히 알 수는 없다. 또한 현전하는 기록도 천추태후와 김치양의 불륜, 그리고 강조(康兆)의 정변과 현종의 즉위라는 쪽에 초점이 맞추어져 있다.

경종이 사망한 뒤, 천추태후는 자신의 외족(外族)인 김치양과 친밀해졌다고 한다. 자신의 누이에 대해 세간에 좋지 않은 소문이 돌자 성종은 김치양을 멀리 유배 보냈다. 하지만 목종이 즉위한 뒤에 천추태후는 김치양을 소환하여 관직을 주었고, 김치양의 권세도 높아갔다. 더구나 둘 사이에 아이가 태어나자 천추태후와 김치양은 이 아이를 목종의 후계자로 삼으려 계획했다.

그러나 목종이 갑자기 병이 들면서 후사문제가 다급해졌다. 목종은 태조의 손자인 대량원군 왕순(王詢)에게 왕위를 전하려 했다. 천추태후가 대량원군을 견제하고 있었기에, 목종은 그에게 밀지를 전하는 한편 서북면순검사(西北面巡檢使) 강조를 소환하여 우군으로 삼으려 했다. 그러나 강조는 이미 천추태후와 김치양이 목종을 제거했다는 잘못된 정보를 믿고 쿠데타를 감행했다. 그는 개경 근처에 다다를 무렵에야 이것이 잘못된 정보였다는 것을 깨달았다. 강조는 이미 일을 돌이킬 수 없어 개경을 장악하고 목종과 천추태후를 폐위시킨 뒤 대량원군을 새 국왕으로 옹립했다. 그가 현종이다.

이 과정에서 김치양과 그의 세력이 숙청되었다. 강조는 김치양과 아들, 유행간(庾行簡) 등 7명을 죽이고 천추태후의 세력 등과 함께 유배를 보냈다. 목종은 천추태후와 함께 충주로 향하다가 파주 적성(積城)에서 강조가 보낸 사람들에게 시해되었다.

목종의 마지막 모습에 대하여, 여러 기록에서는 끝까지 태후를 극진하게 모셨다고 남겨져 있다. 그리고 강조가 보낸 독약을 마시지 않으려고 버텼으나 결국 시해된 뒤 화장되었다고 한다. 30살 한창나이 때의 비극적인 죽음이었다.

위와 같은 내용은 『고려사』와 『고려사절요』에 거의 동일하게 실려 있다. 목종대에 관해서는 남아있는 자료도, 인상적인 장면도 대개 그의 죽음에 얽힌 부분에 집중되어 있다. 때문에 목종의 시대를 알 수 있는 내용도 부족하고, 그의 개인적 면모는 더욱 살피기가 어렵다. 그러나 아버지의 이른 죽음, 사촌인 개령군(성종)에게 전해진 왕위, 그 사촌의 재위 기간에 느꼈을 불안함, 그리고 뜻밖의 자신의 국왕 즉위, 어머니의 새 남자와 그 사이에서 태어난 아이의 등장, 대량원군으로의 왕위 선양 등 그의 30년에 걸친 삶에서 벌어졌던 일은 그가 느꼈을 재위 12년간 삶의 무게만큼이나 무거웠을 것이다.

현종(顯宗)
고려의 기틀을 다진 중흥 군주

어려서 한 고생이 국왕의 자질을 만들다

고려 8대 국왕인 현종은 이름은 순(詢), 자는 안세(安世), 승려 시절 법명은 선재(禪齋)이다. 992년(성종 11)에 태어나 1031년(현종 22)에 사망했다. 즉위 이전의 작위는 대량원군(大良院君)이었다. 태조의 여덟째 아들인 왕욱(王郁)과 헌정왕후(獻貞王后) 황보씨 사이에서 태어났다. 비는 성종의 딸 원정왕후(元貞王后, 玄德王后) 김씨, 최행언(崔行言)의 딸 원화왕후(元和王后, 恒春殿王妃), 김은부(金殷傅)의 딸 원성왕후(元城王后)·원혜왕후(元惠王后)·원평왕후(元平王后), 종실 경장태자(敬章太

子)의 딸 원용왕후(元容王后) 류씨, 서눌(徐訥)의 딸 원목왕후(元穆王后)와 다수의 후궁이 있었다.

원정왕후에게서 적경궁주(積慶宮主, 孝惠宮主)를, 원화왕후에게서 왕수(王秀)와 효정공주(孝靜公主)·천수전주(天壽殿主)를, 원성왕후에게서 덕종(德宗)·정종(靖宗)·인평왕후(仁平王后)·경숙공주(景肅公主)를 낳았다. 원혜왕후에게서 문종과 정간왕((靖簡王), 덕종 3비인 효사공주(孝思公主)를 낳았고, 후궁에게서도 많은 소생이 있다.

사생아 출신 군주로 죽음의 위기에까지 몰렸던 불우한 어린 시절로 유명하다. 처음에는 승려가 되어 숭교사(崇教寺)와 신혈사(神穴寺)에 있다가 강조의 정변에 의해 목종이 폐위되자, 1009년 2월에 왕위에 올랐다. 고려왕조가 성립한 지 거의 1세기가 지난 시기에 왕위에 오른 현종은 고려왕조의 기틀을 다지는 데 크게 기여한 군주였다. 즉위 초반부터 거란의 침입을 받는 등 여러 가지 어려움을 겪었으나, 이를 잘 극복하고 고려의 전성기로 가는 길을 닦았다.

혈혈단신, 사생아 현종이 왕위에 오르다

현종은 목종의 폐위로 즉위했다. 그가 국왕의 자리에 오르게 된 과정은 매우 극적이었다. 현종의 아버지는 안종(安宗)으로 추존되는 왕욱이고, 어머니는 경종의 왕비였던 헌정왕후 황보씨였다. 헌정왕후는 경종의 사후 사저에 나가 살고 있었는데, 이때 왕욱과 정을 통하여 아이를 가지게 되었다. 이 사실이 성종에게 알려 왕욱은 사수현(泗水縣, 사천시)에 유배되었다. 이때 헌정왕후는 아이를 낳고 바로 세상을 떠났는데, 이 아이가 왕순(王詢), 현종이다.

그런데 헌정왕후는 성종의 친누이였다. 성종은 자신의 친조카인 왕순을 유모에게 맡겨 기르게 하고, 아이가 조금 자라자 유배지에 있는 아버지인 왕욱에게 보내 함께 살 수 있게 해주었다. 이후 대량원군(大良院君)에 책봉되었다.

왕순은 996년(성종 15)에 왕욱이 사망한 뒤에 개경으로 돌아왔다. 그러나 성종이 사망하고 목종이 즉위한 뒤로 정치적인 견제에 시달렸다. 목종의 어머니인 천추태후 황보씨가 권력을 쥐고 있었는데, 왕순을 꺼려서 12살 때에 강제로 머리를 깎아 숭교사에 들여보냈다. 왕순은 이후 1006년(목종 9)에 다시 신혈사로 옮겨졌다. 이때에도 천추태후가 여러 차례 사람을 보내 왕순을 해치려 했다. 이 시기에 왕순은 상당한 위협을 받고 있었다.

그런데 1009년(목종 12)에 30살의 한창나이였던 목종이 갑자기 병이 들어 위독해지면서 후계 문제가 생겼다. 목종에게는 아직 아들이 없었는데, 당시 천추태후가 김치양(金致陽)과정을 통하여 아들을 두었다고 한다. 그리고 그 아들을 목종의 후계로 세우려 했다. 병상의 목종은 긴박한 상황 속에서 측근들과 의논하여 당시 유일하게 남은 태조의 손자인 대량원군 왕순을 후계자로 세우려 했다. 병사를 보내 신혈사에서 왕순을 불러오는 한편, 서북면을 지키고 있던 강조를 불러들여 호위를 맡기도록 했다.

그런데 도중에 예상치 못한 문제가 발생했다. 강조가 개경으로 오던 중 잘못된 정보를 입수하여, 이미 목종은 사망했고 김치양이 정권을 잡았다고 오해한 것이다. 이에 강조는 이를 진압하기 위해 개경으로 진격을 시작했으나, 곧 목종이 아직 살아있음을 알게 되었다. 입장이 애매해진 강조는 고민 끝에 목종을 폐위하고 새 왕을 옹립하기로 결정했다. 그리고 목종이 이미 왕순을 후계자로 지명한 것을 알지 못하고, 사람을 보내 그를 모셔오게 했다.

신혈사에는 목종이 보낸 사자와 강조가 보낸 사자가 함께 도착했다. 이들은 왕순을 개경까지 호위하여 왔고, 강조가 그를 즉위시켰다. 이렇게 왕순은 고려의 8대 국왕으로 즉위했다.

문제는 강조가 김치양 일파를 제거하면서 목종과 천추태후를 궁 밖으로 내쫓았고, 이어 목종을 시해했다는 점이다. 이른바 '강조의 정변'이라 불리는 사건이다.

현종은 원래 목종의 지명을 받아 정상적으로 후계자가 될 수 있었으나, 강조의 정변으로 인하여 비정상적인 즉위를 하게 된 것이다. 이 사건은 향후의 정국에 상당한 파장을 불러오게 된다.

2차 고려-거란 전쟁과 현종의 파천

고려와 거란은 1차 전쟁 이후 994년(성종 13)에 공식적인 외교 관계를 수립하고 비교적 평화로운 관계를 유지하고 있었다. 하지만 당시 국제 정세는 거란-송-고려를 비롯한 여러 세력 간에 힘겨루기가 있었다. 1004년(목종 7년)에 거란은 송을 공격하여 '전연(澶淵)의 맹약'을 맺었다. 맹약의 주요 내용은 북송이 요나라에 30만의 세폐(歲幣)를 제공하는 것과 양국이 형제 관계를 맺는 것이었다. 이러한 중대한 정세 변화가 거란과 고려의 관계에도 영향을 미쳤다.

양국의 충돌을 가져온 결정적인 사건 두 가지가 이 무렵 터지고 말았다. 하나는 강조의 정변이고, 다른 하나는 고려의 변경 책임자와 여진족 간의 충돌이었다. 고려로부터 피해를 입은 여진족 일부가 거란에 이를 호소하면서 강조의 정변 소식을 알렸고, 거란의 황제 성종(聖宗)이 이를 빌미로 삼아 고려를 공격하도록 지시했다. 고려는 이를 외교적으로 무마하려 했으나 성공하지 못했다. 결국 1010년(현종 원) 겨울에 거란의 성종이 직접 이끄는 거란군이 침입을 개시하여, 2차 거란의 고려 침입이 발발했다.

고려에서는 강조가 대군을 이끌고 맞섰다. 초기에는 좋은 성과를 거두었으나, 방심 끝에 강조가 크게 패배하고 사로잡히면서 고려군은 패주했다. 전선이 붕괴되면서 고려군은 거란군을 막을 수 없었고, 현종은 강감찬(姜邯贊)의 건의를 받아들여 수도 개경을 버리고 남쪽으로 파천을 했다.

당시 현종의 험난한 여정에 관해서는 『고려사』와 『고려사절요』에 상세하게 실려 있다. 현종은 후비들과 몇몇 신하, 호위군 50여 명만을 거느린 채 개경을 빠져나왔고, 남쪽으로 내려가면서 숱한 고난을 겪었다. 역(驛)의 군사 몇몇이 활을 쏘며 행렬을 습격하기도 했고, 군현의 향리가 위협을 하는 일도 벌어졌다. 심지어 전주절도사(全州節度使)인 조용겸(趙容謙)은 평상복으로 왕을 맞이하고 부하들을 시켜 위세를 부리는 무례를 범하기까지 했다. 다행히 지채문(智蔡文)을 비롯한 몇몇 신하들이 끝까지 현종을 호위하여 무사할 수 있었으나, 국왕으로서 큰 수모를 겪어야 했다.

남쪽으로 몸을 피하면서 현종은 하공진(河拱振)의 건의를 받아들여 거란에 화친을 요청했다. 거란군이 개경을 점령하고 계속 남진하는 상황에서, 현종은 자신의 친조(親朝)를 조건으로 강화를 청하자, 거란의 성종은 이를 받아들여 철군했다.

이렇게 하여 공식적으로는 2차 전쟁이 종결되었고, 현종은 나주에 머물다가 다시 개경으로 돌아올 수 있었다.

3차 고려-거란 전쟁을 승리로 이끌다

개경으로 돌아온 현종은 전쟁의 수습에 힘썼다. 거란에도 사신을 파견하여 관계를 개선하려 했지만, 정작 강화의 중요한 조건이었던 친조는 병환 때문에 하기 어렵다는 말을 전했다. 이러한 고려측의 입장은 2차 전쟁 말기에 양규(楊規)를 비롯해 후방에 남아있던 고려군의 활약으로 철수하던 거란군에게 큰 타격을 입혔던 점도 영향을 주었다.

거란은 이에 대해 크게 분노하며, 기존에 고려의 영역으로 인정했던 강동 6주 지역을 내놓으라고 했다. 물론 고려는 이를 받아들이지 않았고, 양국 간에는 몇 해에 걸쳐 국지적인 전투가 지속적으로 벌어졌다. 고려가 이를 잘 막아내자, 1018년(현종 9)에 거란은 다시 소배압(蕭排押)이 이끄는 대군을 출정시켜 고려를 공격했다. 이것이 이른바 3차 고려-거란 전쟁이다.

2차 전쟁에서는 초반에 전선이 무너지며 크게 어려움을 겪었지만, 3차 전쟁의 양상은 이전과는 달랐다. 고려에서는 전쟁에 대비하여 상당한 전력을 갖추고 있었다. 당시 거란군이 10만 병력을 자칭했는데 고려에서는 20만 이상의 병력을 동원했던 사실이 이를 말해준다. 실제로 이후의 전투에서도 강감찬이 이끄는 고려군은 지속적으로 거란군에게 피해를 입혔고, 결국 구주(龜州)에서 결정적인 승리를 거두며 거란군을 격퇴했다. 현종은 거란군이 개경 인근까지 육박한 상황에서도 물러나지 않고 농성전을 준비하여 거란군이 철수를 이끌어내는 결정적인 계기를 마련했다.

3차 전쟁에서 거란군은 겨우 수천 명이 살아서 돌아가는 대패를 당했다. 이후 현종은 거란에 화친을 요청했고, 거란이 이를 수용함으로써 마침내 오랜 전쟁이 끝날 수 있었다. 이후 고려는 거란을 성공적으로 막아냈다는 점에 힘입어 국제적인 위상을 높일 수 있었고, 11세기의 활발한 국제 교류 시대를 열 수 있었다.

국가 체제의 정비를 서두르다

2차 전쟁 당시에 수도 개경은 거란군에 의해 큰 피해를 입었다. 궁궐을 비롯하여 각종 시설물과 민가들이 크게 파괴되었다. 개경으로 돌아온 현종은 궁궐을 다시 짓도록 명령하여, 약 3년의 공사 끝에 완성했다.

한편 당시 개경에는 궁궐과 이를 둘러싼 황성(皇城)이 있었으나, 그 밖으로 여러 시설물과 민가가 확장되어 있어서 방어에 어려움이 있었다. 이에 강감찬은 나성(羅城)을 축조하여 개경의 방어를 강화하자는 건의를 했고, 현종은 이를 받아들여 왕가도(王可道)에게 공사를 맡겼다. 약 20년에 걸친 공사 끝에 완성된 나성은 지금도 일부가 남아있어 당시의 흔적을 찾아볼 수 있다.

현종의 재위 기간에는 다방면에 걸쳐 체제 정비가 이루어졌다. 우선 거란과의 오랜 전쟁으로 타격을 입은 경제 상황을 개선하려는 조치들이 있었다. 1012년(현종 3)에는 장인(匠人)의 수를 줄여 농사를 짓게 하도록 했고, 1028년(현종 19)에는 뽕나무를 심고 말을 기르는 감목양마법(監牧養馬法)을 제정했다. 또 1025년(현종 16)에는 공사를 줄여 백성들이 농사에 전념할 수 있도록 하는 조치를 내렸다. 세금 제도를 개선하여 토지의 보유 면적에 따라 조절하도록 양창수렴법(養倉收斂法)을 제정했고, 물가가 폭등하면 국가가 나서서 이를 조정했다. 또한 의창(義倉) 제도를 정비하여 좀 더 실효성이 있도록 했다.

군현제도 역시 이 시기에 재정비되었다. 1012년(현종 3)에는 동경유수(東京留守)를 없애고 경주방어사(慶州防禦使)로 고쳤고, 12목(牧)의 절도사를 폐지하고 5도호(都護)와 70도 안무사(按撫使)를 두었다. 이어 1018년(현종 9)에는 다시 안무사를 폐지하고 4도호 8목 등으로 재편했다.

군현에 대한 재편과 함께 그 행정을 맡은 향리와 사심관(事

審官)에 대해서도 정비했다. 지역별로 향리들의 숫자를 규정하고, 호칭도 주·현(州·縣)의 향리와 향·부곡 등 특수구역의 향리에 대해 차이를 두어 그 지위를 나누었다. 또한 사심관의 선발 규정을 강화하여 아버지나 형제가 호장을 맡고 있으면 사심관이 될 수 없게 했다. 그리고 그 선발에는 그 지역 출신의 기인(其人)과 백성의 여론이 반영되도록 했다.

한편 현종대에는 군현의 향공(鄕貢)들이 과거에 응시하는 규정에 대해서도 보완이 이루어졌다. 지역의 규모에 따라 올려 보낼 수 있는 향공의 수가 정해지고, 본고시인 예부시(禮部試)에 앞서 이들을 국자감에서 미리 한 번 시험 보는 제도도 마련되었다.

7대실록과 초조대장경을 완성하다

거란과의 전쟁이 오래 지속되었지만, 이 시기에는 유교 및 불교, 전통문화 등과 관련된 각종 정책도 추진되었다. 이는 백성들에 대한 교화 및 민심 수습, 정치적 지향성의 설정 등과 밀접하게 연관되어 있었다.

우선 신라 시대의 설총(薛聰)과 최치원(崔致遠)에게 봉작을 추증하고 문묘(文廟)에 처음으로 모셔 제사를 지내게 했다. 이는 신라의 유학적 전통을 이어 고려가 유학적 정치를 지향하는 국가임을 강조한 조치였다. 또한 거란과의 전쟁을 거치며 국초 이래의 기록들이 소실되자, 1013년(현종 4)부터 역대의 실록을 다시 편찬하도록 했다. 이는 20여 년 뒤인 덕종대에 완성된다. 이른바 '7대실록(七代實錄)' 혹은 '칠대사적기(七代事蹟記)'라 불리는 것이다. 지금은 전해지지 않는다.

불교 분야에서도 매우 중요한 사업이 진행되었다. 바로 대장경(大藏經)의 제작이다. 초조대장경(初雕大藏經)을 말한다. 후대의 이규보(李奎報)가 남긴 글에 따르면, 현종이 2차 고려-거란 전쟁 당시 남쪽으로 피난을 가면서 대장경의 제작을 맹세하자 곧 거란군이 물러갔다고 했다.

초조대장경은 몽골의 침입 때 불타버렸으나, 현재도 간행된 책자들은 상당수가 남아있는 중요한 문화유산이다. 이외에도 부모의 명복을 빌기 위해 현화사(玄化寺)를 창건하고 송으로부터 금자대장경(金字大藏經)을 입수해 여기에 두었다.

한편 이 시기에는 성종대에 다소 침체되었던 고려의 문화에 대한 관심이 다시 높아졌다. 1010년(현종 원) 2월에는 성종대에 중단되었던 연등회를 부활시켰고, 11월에는 팔관회를 다시 열었다. 또 서경을 비롯한 전국 각지에 있는 여러 신사(神祠)에 훈호(勳號)를 더하여 우대했다. 이러한 조치들을 통해 현종은 거란과의 오랜 전쟁에 지친 민심을 달래고, 국가의 체제를 정비하는 데에 도움을 받았을 것이다.

현종은 근친 간 불륜, 사생아, 고아라는 출생의 멍에를 짊어진 채 태어났고, 태어난 지 1년 후 거란과의 제1차 여요전쟁이 시작되었다. 고려 왕실에서 보호받고 교육받지 못하며 신혈사(神穴寺)에서 생활을 할 정도로 매우 열악한 환경에서 어린 시절을 보냈다.

청소년이 되었을 때는 천추태후로부터 암살의 위협까지 받았으며, 가까스로 생존하여 왕위에 오르기는 했으나 강조의 정변으로 갑작스럽게 즉위했기에 제대로 준비과정을 거치지 못했고 측근세력도 없이 즉위한 군주라서 입지도 불안정했다. 즉위한 지 불과 1년 후에는 또다시 제2차 여요전쟁이 발발해서 수도를 버리고 파천까지 겪는 등 개인의 고난은 이어졌고, 외부적으로는 국가멸망의 위기에 몰리기도 했다. 하지만 이러한 여러 가지 고난과 역경에도 불구하고 위기의 고려 왕조를 지켜낸 군주로서 칭송받는다.

해동공자로 불린 최충(崔沖)은 「봉선홍경사갈기비(奉先弘慶寺碣記碑)」의 비문을 지으며, 선대의 좋은 일을 계승하는 데 있어서는 역사를 통틀어도 전례를 찾아볼 수 없다고 표현했다. 그리고 현종 치세를 주나라의 성강지치(成康之治), 한나라의 문경지치(文景之治)라고 불리는 중국 역사상 최고의 태평성대와 비교해도 부족함이 없다고 평가했다. 현화사비의 내용을 보면 채충순을 비롯한 당시 고려의 중신들은 현종을 요순(堯舜)의 재림 혹은 부처나 미륵에 비유했으며, 하늘에서 인간의 모습으로 내려온 신이었다고 극찬했다.

현종은 고려왕조가 끝날 때까지 역대 모든 제왕과 문·무백관, 그리고 백성들로부터 흠모의 대상이었고, 고려왕조가 끝나고 들어선 조선 왕조에서도 계속 존경받았다. 또한 예술가, 문학가적인 면모도 보이는데, 몇 수 전해지는 시나 친필에 대해서 당대 신하들의 평가를 보면 뛰어난 명필 혹은 예술가로도 평가받았으며, 오늘날에도 11~12세기의 명필 중 한 명으로 꼽힌다.

덕종(德宗)

고려왕조의 정오, 태평성대를 꿈꾸다

고려의 자존심을 걸고 거란에 맞서다

고려 9대 국왕 덕종은 이름은 흠(欽)이고, 자는 원량(元良)이다. 1016년(현종 7)에 태어나 1034년(덕종 3)에 사망했다. 현종과 원성태후 김씨 사이의 맏아들이다. 비는 현종의 딸 경성왕후(敬成王后)와 효사왕후(孝思王后), 왕가도(王可道)의 딸 경목현비(敬穆賢妃)이다. 자녀는 경목현비 사이에서 일찍 죽은 상회공주(殤懷公主)가 있었다.

어린 나이에 현종의 뒤를 이어 태평성대를 잘 유지했지만, 불행하게도 몸이 병약했다. 그 때문인지 재위 3년만인

1034년 9월 병석에 누웠고, 왕위를 동생 정종(靖宗)에게 물려준 뒤 19살의 나이로 사망했다.

덕이 많은 임금 즉위하다

덕종은 1020년(현종 11)에 연경군(延慶君)에 봉해지고, 1022년(현종 13)에 태자에 책봉되었다. 당시 그의 나이는 7살이었다. 이듬해에 거란에서 고려국공(高麗國公)으로 책봉했다. 1031년(현종 22) 5월에 현종이 사망하자, 그 뒤를 이어 중광전(重廣殿)에서 즉위했다. 그의 나이 16살 때의 일이었다.『고려사』에 의하면, 덕종은 어려서부터 성숙했으며, 성격이 강인하고 결단력이 있었다고 한다. 좀 더 나이가 들어서는 기왓장을 밟기만 하면 깨어졌는데, 사람들은 이를 보고 왕의 덕이 무겁기 때문이라고 했다.

덕종은 즉위하자마자 자신의 명령을 황제의 명령이라는 의미로 '제(制)'라고 했으며, 자신의 생일을 '인수절(仁壽節)'에서 하늘의 뜻에 부응한다는 의미를 갖는 '응천절(應天節)'로 개칭했다.

덕종대에 행해진 제도 가운데는 덕종 즉위해인 1031년 윤 10월에 과거의 예비시험 성격인 국자감시(國子監試)를 처음 시작했다. 이때 시험과목은 부(賦)와 6운시(六韻詩)나 10운시

(十韻詩)였다. 덕종 즉위년 국자감시를 통해 정공지(鄭功志) 등 60명의 인재를 선발했다.

1032년(덕종 원)에는 왕가도를 감수국사(監修國史)로, 황주량(黃周亮)을 수국사로 삼아 태조에서부터 목종에 이르는 7대의 사적을 36권으로 구성한 7대실록을 완성했다. 1034년(덕종 3)에는 양반 및 군인과 함께 한인(閑人)에게도 토지를 지급하는 것으로 전시과를 개정했다.

압록강 동쪽의 땅을 수복하려 하다

덕종이 즉위한 시기는 거란과의 3차례 전쟁이 끝난 뒤이기는 했지만, 당시 고려는 거란에 대한 경계를 풀지 않았다. 거란은 1015년(현종 6)에 압록강을 건너 그 동쪽 지역을 점령해 성을 쌓았는데, 그 지역을 고려에 반환하지 않은 상태였기 때문이다. 1029년(현종 20)에는 거란 동경(지금의 요양 지역)의 대연림(大延琳)이 흥요국(興遼國)을 세우자 형부상서 곽원(郭元)은 압록강 이동 지역을 공격해 회복하자는 주장을 펴기도 했다.

이후 거란의 성종이 사망하면서 다시 이 문제가 불거졌다. 고려는 성종의 장례식에 김행공(金行恭) 등을 보내 참석하게 했다. 이때 고려는 압록강에 설치한 성과 다리를 헐고 거란이 억류한 고려 사신을 돌려보내 줄 것을 요청했다.

거란의 황제 상갓집에 가서 자신의 영토를 돌려 달라고 하는 행위는 도덕적으로 그리 환영받을 만한 일은 아니었다. 그런데도 고려가 이를 요청했다는 것은 그만큼 고려로서는 다급한 일이었던 것이다.

고려의 이러한 요구에 대해 거란은 거절했다. 이에 대해 고려 내에서는 평화관계를 맺어 백성을 편안히 쉬게 하자는 유화적인 입장과 거란에 사신 파견을 더 이상 하지 말고 연호도 사용하지 말자는 강경한 입장이 제기되었다. 고려 조정에서는 후자의 견해를 택했다. 그로 인해 고려는 새로이 즉위한 거란 흥종(興宗)의 연호 사용을 중지했다. 그 대신 사망한 거란 성종의 연호를 계속 사용했다. 고려가 거란 흥종의 연호를 사용하지 않았다는 것은 흥종의 존재를 인정하지 않겠다는 의사의 표현이었다.

거란, 송에 원병을 요청하다

고려는 거란이 자신들의 요구를 들어주지 않자, 외교를 단절하는 등의 강경 대응을 실제 행동으로 옮겼다. 1032년(덕종 원) 1월에 거란 사신의 입국을 거부하고, 삭주(朔州)와 영인진(寧仁鎭) 등에 성을 쌓거나, 같은 해 2월에는 1010년(현종 원)

에 거란과의 전투에서 공을 세웠던 김거(金居)와 수견(守堅) 등에게 포상을 내리고, 전사한 이들에게 관직을 더해주는 등의 조치를 취했다. 성을 쌓는 행위는 거란의 침략을 대응하기 위한 의도였으며, 김거 등에게 포상하거나, 전사자들에 대한 대우 조치는 거란의 침입으로부터 내부의 단결을 도모하기 위한 목적으로 행해진 조치 가운데 하나였다.

1033년(덕종 2) 8월에는 북쪽 경계 지역에 관성(關城)을 설치하기도 했다. 덕종은 유소(柳韶)에게 명을 내려 성을 쌓았는데, 거란 군사가 공격해 와 전투를 벌이기도 했다. 이는 덕종이 수축하기 시작한 북계의 장성(長城) 공사를 저지하기 위한 목적에서였다.

1034년 3월에 유소 등에게 관성 개척의 공로를 인정하여 그에게 추충척경공신(推忠拓境功臣)의 호를 주었다. 당시 유소가 설치한 관성은 압록강이 바다로 들어가는 곳에서부터 시작하여, 동쪽으로 위원·흥화·정주·영해·영덕·영삭·운주·안수·청새·평로·영원·정융·맹주·삭주 등을 거쳐, 요덕·정변·화주 등 3성에 닿고 동쪽 바다에 이르렀다. 성은 돌로 쌓았는데, 높이와 두께가 각각 25척이었다. 이를 '천리장성'이라고 한다.

1033년(덕종 2) 10월에 거란은 정주(靜州)를 침입했다. 소규모 침략이었지만, 고려와 거란의 충돌이 지속되었음을 보여준다. 하지만 거란은 총력을 기울여 고려를 공격하지 못했다. 1019년(현종 10)에 강감찬의 고려 군사에 의해 거란병이 대패한 이후에 거란은 고려의 군사력을 겁내 섣불리 행동에 나설 수가 없었기 때문이다. 그러한 사실은 거란이 송에 원병을 요청한 사실에서 확인된다. 송의 기록인 『송명신언행록(宋名臣言行錄)』에는 "거란이 (송에) 사신을 보내와 고려를 정벌하는데 병사를 빌리려 했다"라는 내용이 전한다. 송이 거란의 요청을 거부하자, 거란은 더 이상 고려에 군사적 침략을 감행하지 못했다. 이는 고려의 군사력에 대한 거란의 부담이 얼마나 컸었는지를 짐작할 수 있는 기록이다.

거란에 강경한 대응을 하며 고려의 자존심을 살린 덕종의 노력은 그리 오래가지는 못했다. 그가 재위 4년 만에 사망했기 때문이다. 병에 걸린 덕종은 동생인 평양군 왕형(王亨. 정종)에게 왕위를 계승하라는 유언을 남겼는데, 그의 나이 19살 때이다.

덕종과 관련해서는 봉황과 까마귀 이야기가 전해진다. 덕종대 개성의 의봉문(儀鳳門)에 봉황이 날아와 춤을 추었는데, 까마귀들이 봉황을 향해 우는 바람에 봉황이 날아가 버렸다. 이에 백성들이 까마귀를 미워하여 아이 어른 할 것 없이 활로 까마귀를 쏘는 바람에 덕종이 재위하는 기간에는 서울인 개경에 까마귀가 없었다는 것이다.

덕종에 대한 이제현의 평을 보면, 부모상을 당해서는 자식으로서 효성을 다했고, 정치를 함에 있어서는 아버지의 하던 일을 고치지 않았으며, 원로들인 서눌(徐訥)과 왕가도, 그리고 최충(崔冲)과 황주량 등을 신임하여 서로 기만하는 일이 없었다고 한다. 그러한 결과로 백성들은 제각기 편안한 삶을 누릴 수 있었으며, 시호에 덕을 붙이는 것은 당연한 일이라고 했다.

정종(靖宗)

거란과 화친을 맺어 고려의 평화를 얻다

어린 나이에 뜻하지 않게 오른 왕위

고려 10대 국왕인 정종(靖宗)은 이름은 형(亨), 자(字)는 신조(申照)이다. 1018년(현종 9)에 태어나 1046년(정종 12)에 사망했다. 현종과 원성태후 김씨 사이에서 둘째 아들로 태어났다. 덕종의 친동생이며, 문종의 이복형이다.

1022년(현종 13)에 내사령 평양군(平壤君)에 봉해졌고, 1027년(현종 18) 개부의동삼사 검교태사 겸 내사령(開府儀同三司·檢校太師兼內史令)에 임명되었다. 정종은 성격이 너그럽고 인자하며 부모에게 효성을 다했고 형제간에는 우애가 있었으며, 식견과 도량이 크고 강단이 있어서 사소한 절차에 구애받지 않았다고 한다. 1034년(덕종 3)에 같은 어머니에게서 낳은 형 덕종이 죽으면서 그에게 왕위를 넘기겠다고 유언을 남기고 사망하자, 같은 해 9월에 왕위에 즉위했다. 7살에 즉위해 29살에 요절했으나, 짧지 않은 재위 기간 동안 고려 최고의 황금기라 볼 수 있는 동생 문종 시기를 이끌어 줄 주요 정책들을 추진했다.

팔관회를 정례화하다

정종은 즉위 한 달 뒤인 1034년(정종 즉위) 10월에는 서경 (西京)에 대신을 파견하여 팔관회(八關會)를 열고 이틀간 잔치를 열었으며, 11월에는 개경에서 팔관회를 개최했다. 팔관회는 원래는 불교의 여덟 계율을 지키는 행사였다. 하지만 천령 (天靈), 오악(五嶽), 명산(名山), 대천(大川)과 용신(龍神)을 섬기는 고려의 전통적인 신앙과 결합되면서, 태조 때부터 토속신에게 제례를 행하는 날로 유지되었다. 고려는 이날에 호국의 뜻을 새기고 복을 빌었는데, 대체로 서경에서는 10월 15일에, 개경에서는 11월 15일에 개최되었다.

팔관회는 성종대에 폐지되었다가 현종대에 다시 설치되었는데, 정종은 이 팔관회를 정례화했다. 팔관회를 개최한 정종은 신봉루(神鳳樓)에 나가서 여러 관리를 위하여 주연을 베풀고 저녁에는 법왕사(法王寺)로 갔으며, 다음 날에도 큰 잔치를 베풀고 음악을 감상했다. 이 기간 동안 동경(東京)과 서경, 그리고 동로(東路)와 북로(北路)의 병마사(兵馬使)와 4도호(四都護), 8목(牧)이 표문을 올려 축하를 했으며, 송나라 상인들과 동·서 여진과 제주도인 탐라국에서 그 지역 특산물을 바쳤다. 이는 이 시기 팔관회가 단순히 불교 의례가 아니라 그것을 통해 국제무역까지 행하는 국제적 행사였음을 말해준다. 나아가 팔관회는 국가적 차원에서 단일화된 종교의식을 개최함으로써 중앙집권체제와 고려인의 통합을 더욱 군건히 하는 국가행사였다.

거란과의 화친을 택하다

정종대의 대외관계는 덕종대의 거란관계가 유지되고 있었다. 덕종은 거란에 대하여 압록강 동쪽에 차지한 땅을 돌려주고 억류하고 있는 사신을 돌려달라는 요구를 했었는데, 거란은 이를 거부했다. 덕종은 외교 관계를 끊고 전쟁 준비를 하는 등 강경 대응을 펼쳤다. 그러나 재위 4년 만에 덕종이 사망했고, 거란과의 긴장 상태가 지속되고 있었다.

1035년(정종 원)에 거란이 고려와 접경 지역에 위치한 내원성(來遠城)을 통해 흥화진(興化鎭)에 보낸 글에는 고려가 석성(石城)을 쌓아 왕래를 막거나 나무로 울타리를 세우는 행위를 하며 외교를 맺으려는 의지가 없다며 외교 단절의 책임을 고려에 전가했다. 이에 고려 또한 답장을 보내어 나라를 지키는 것은 당연한 일이고, 양국 외교의 파탄은 거란이 차지한 영토를 고려에 돌려주지 않는 것에 있다는 사실을 명백히 했다. 그리고 답장의 말미에 거란의 질책을 농담으로 일축해 버렸다.

거란이 보낸 공식문서를 농담이라고 한 것은 전쟁도 불사할 수 있다는 강경한 입장의 표현이었다. 이러한 점은 이 답서를 보낸 이후인 1035년(정종 원) 9월에 고려가 서북로의 송령(松嶺) 동쪽에 장성을 쌓아 거란의 침입에 대비하거나, 1036년(정종 2) 7월에는 배가 부서지는 바람에 실패했지만, 송과 외교 관계를 맺기 위해 사행을 파견하려 했던 사실을 통해서도 알 수 있다.

그러나 고려의 이러한 거란에 대한 강경 대응은 1037년(정종 3)에 가면서 온건한 쪽으로 바뀌었다. 강경정책을 주도하던 왕가도와 유소 등이 사망하고 온건론을 주장하던 황보유의(皇甫兪義) 등이 실권을 장악했고, 거란이 자국의 서북 지역에 있던 몽골 부족의 한 갈래인 조복(阻卜)과의 전쟁을 승리로 이끌면서 고려와의 관계에 집중할 수 있는 여력이 있었기 때문이었다.

고려도 이를 무시할 수는 없었다. 이에 고려는 거란에 다시 사신을 파견하고 그동안 사용하지 않던 거란 흥종(興宗)의 연호인 중희(重熙)를 사용하며 거란과의 관계를 개선했다. 사실 송과 조복 등을 복속시켜 우위를 인정받은 거란은 자신들에게 복종하지 않는 고려로 눈을 돌렸다. 물론 그렇다고 군사 행동을 가하지는 못했다. 오랜 전쟁에도 불구하고 고려를 군사적으로 제압하는 데에 실패했던 거란으로서는 부담스러웠다. 대신에 거란은 자신들이 차지하고 있던 압록강 동쪽 지역에 소규모의 요새인 성보(城堡)를 더 쌓아 압박하는 전술을 선택했다. 고려에 전쟁이 일어날 수 있다는 경고를 보내 복종을 얻어내려는 속셈이었다. 이에 고려는 압록강 이동의 성보를 철거하도록 요구했는데, 거란은 고려를 공격하기 위해 성보를 쌓은 것이 아니라, 변경을 방비하고 농사를 짓기 위한 목적에서 설치한 것임을 강조하며 고려와 타협을 시도했다.

　이후에는 양국 간에 더 이상 성보에 관련한 외교 갈등이 보이지 않는다. 여기에는 거란이 1042년(정종 8) 3월에 관남(關南) 10성을 달라고 송에 요구하여 송으로부터 돈과 폐물을 더 받아내는 등 동북아시아의 절대강자로 다시 부상했기 때문이었다. 거란은 이 사실을 같은 해 11월에 고려에 알렸다. 당시 거란의 흥종은 천하를 통일하고자 하는 의도를 드러낼 정도로 자신감이 넘치던 시기였다.

국제 정세가 거란을 중심으로 재편된 이상 고려도 이제는 거란과 사소한 문제로 갈등을 지속할 필요가 없었다. 거란도 고려가 송이나 여진과 외교 관계를 맺고 자국을 견제할지 모르는 상황에서 더 이상 고려를 압박할 수는 없었다. 이러한 양국 간의 타협에 대해 이제현은 태조대부터 현종과 덕종에 이르는 시기의 대거란 강경정책이 우호를 유지하여 백성을 편히 쉬게 하자는 황보유의 등의 의논만 못하다고 하면서, 정종 3년에 고려가 최연하(崔延嘏)를 거란에 파견하고 4년에 거란 사신이 고려에 와 맹약을 다시 맺은 사실을 좋은 계책으로 평가했다.

거란의 침략에 대비하다

거란과 우호 관계를 다시 회복했지만, 정종은 군사적 대비를 게을리하지 않았다. 1040년(정종 6) 6월에 정종은 비록 사방이 무사하다고 하더라도 전쟁을 잊어서는 안 된다고 하면서, 각 군현에 사신을 보내 날래고 용맹한 자를 선발하여 활쏘기와 말타기를 교습하도록 하라는 명을 내렸다. 1041년(정종 7) 8월에는 서북면병마사의 건의를 받아들여, 바다에 연해 있는 서북로 주진에 『김해병서(金海兵書)』를 각기 1본씩을 보내주었다. 10월에는 서면병마도감사 박원작(朴元綽)이 제작해

바친 수질구궁노(繡質九弓弩)를 시험해보고 성능이 탁월하자 이를 동쪽과 서쪽의 변방에 위치한 진(鎭)에 비치하도 했다.

또한 정종은 성을 쌓아 외적에 대한 방비를 했다. 1039년 (정종 5) 9월에는 정변진(靜邊鎭)에, 같은 해 11월에는 숙주(肅州)에 성을 쌓았고, 1041년(정종 7) 9월에는 영원진(寧遠鎭)과 평로진(平虜鎭)에, 같은 해 12월에는 동로의 환가현(豢猳縣)에 성을 쌓았다. 1044년(정종 10) 10월에는 장주(長州)와 정주(定州), 그리고 원흥진(元興鎭)의 성들을 쌓아 11월에 완성했다. 그리고 이때 성을 쌓는데, 공을 세운 이들에게 포상을 하여 모범으로 삼게 했다.

이렇게 정사에 전념하던 정종은 1046년(정종 12) 4월 병에 걸렸다. 이때 모든 관리가 정종의 회복을 바라며 사찰에 가서 기도를 올렸다는 사실을 보면, 매우 심각했던 듯하다. 병은 더욱더 깊어져만 갔고 회복이 어렵다고 판단한 정종은 5월에 이복동생 휘(徽, 문종)를 불러 국정을 맡기고 사망했다.

문종(文宗)

고려의 '해동천하'를 이끌어낸 군주

이웃 나라까지 알려진 명성, 태평성대를 꿈꾸다

고려 11대 국왕인 문종은 이름은 휘(徽), 자는 촉유(燭幽)이다. 1019년(현종 10)에 태어나 1083년(문종 37)에 사망했다. 현종과 원혜태후 김씨 사이에서 셋째 아들로 태어났다. 비는 현종의 딸 인평왕후 김씨, 이자연(李子淵)의 딸 인예태후(仁睿太后)·인경현비(仁敬賢妃)·인절현비(仁節賢妃), 김원충(金元冲)의 딸 인목덕비(仁穆德妃)이다. 인예태후는 순종, 선종, 숙종, 대각국사(大覺國師) 후(煦, 義天), 상안공(常安公) 수(琇), 도생 승통(道生僧統) 탱(竀), 금관후(金官侯) 비(丕), 변한후(卞韓侯) 음(愔),

낙랑후(樂浪侯) 침(忱), 총혜 수좌(聰惠首座) 경(璟)을 낳았다.
인경현비는 조선공(朝鮮公) 도(燾), 부여후(扶餘侯) 수(㽂), 진한
후(辰韓侯) 유(愉)를 낳았다.

 현종 사후 차례로 즉위한 덕종과 정종(靖宗)은 모두 그의
이복형이다. 현종이 죽은 이후에 그의 세 아들이 차례로 즉
위했다. 1022년(현종 13) 낙랑군(樂浪君)에 책봉되고, 1307년
(정종 3년) 내사령(內史令)에 임명되었다. 1046년(정종 12) 5월
에 정종이 죽자 그 영구(靈柩) 앞에서 즉위했다. 정종이 아들
이 넷이나 있음에도 불구하고 아우 문종에게 선위한 이유는
어질고 효성스러우며 공손하고 검약한 성품이 이웃 나라까지
알려졌다는 점이 크게 작용한 것으로 보인다.

다원적 천하관, 태평성대의 기틀이 되다

 조선의 명군(明君)으로 세종이나 영조, 정조가 손꼽힌다면,
고려의 군주로는 문종이 대표된다. 그의 치세는 고려인들이
태평성대라 불렀음은 물론, 송나라에서도 문종이 훌륭한 국
왕이라고 말한다. 이러한 태평성대의 기반은 우선 당시의 국
제적인 정세에서 찾아볼 수 있다. 거란과 송, 고려가 전란의
시대를 끝내고 평화 속에서 공존하며 경쟁·협력·견제하는
다원적인 천하의 시대가 열렸던 것과 밀접한 관계가 있다.

10세기 말부터 11세기 초반까지 거란과 송, 거란과 고려는 여러 차례 큰 전쟁을 벌였다. 그러나 1004년(목종 7)에 거란과 송이 전쟁 끝에 송나라의 황제인 진종(眞宗)과 요의 성종 간에 '전연(澶淵)의 맹약'을 맺어 공존의 길을 택했고, 1019년(현종 10)에는 고려가 침공해 온 거란군을 상대로 구주(龜州)에서 큰 승리를 거둔 뒤 곧 화의를 맺었다. 이후 세 나라 간에는 국지적인 충돌이나 외교적 갈등이 간혹 벌어졌으나, 큰 전쟁은 더 이상 벌어지지 않게 되었다.

문종대 고려의 국제 관계에서 특히 주목되는 것은 여진 및 송과의 관계이다. 한반도 북부 지역부터 만주와 연해주 일대에 흩어져 살던 여진 부족들은 고려와 국초 이래로 많은 접촉을 하고 있었다. 거란과 고려가 전쟁을 벌이던 기간에 양측 모두 자국에 협력하는 여진 부족들을 확보하고 있었다. 전쟁이 끝나고 고려가 군사적 역량을 보이자, 고려 쪽으로 귀부하는 여진 부족들이 상당히 늘어나는 양상을 보였다. 문종대에는 특히 이런 현상이 두드러졌다. 많은 여진 부족들이 거란에서 받은 직첩을 고려에 내고 고려의 직첩으로 바꿔 받아가기도 했고, 공물을 들고 찾아오는 횟수도 크게 늘었다. 심지어 장성 너머에 거주하는 부족들이 찾아와 고려의 직할지로 삼아달라고 요청을 했다.

이들은 고려의 군왕에게 번병(藩屏)이 될 것을 자청하여, 고려의 해동천하를 구성하는 중요한 요소가 되었다. 또한 이 시기의 특징으로 꼽을 수 있는 것은 송과 통교를 재개했다는 점이다. 고려는 원래 송과 국교를 맺고 우호적인 관계에 있었으나, 거란과의 전쟁을 거치며 화의 조건으로 송과 단교했다. 이후에도 종종 사신을 교환했고 상인의 왕래는 계속되었지만, 문종대에 들어서 다시 공식적으로 통교가 이루어진 것이다.

1058년(문종 12) 8월, 문종은 송과 통교를 재개하려 탐라(耽羅)와 영암(靈巖)에서 목재를 베어 큰 배를 만들도록 지시했으나 조정의 신하들은 이에 반대했다. 거란이 의심할 수 있고 탐라의 형편이 여의치 않으며, 현재 고려의 문물이 융성하고 상인을 통해 귀한 물건들은 입수하고 있으니 굳이 송과 다시 통교할 필요가 없다는 것이었다. 이때 문종은 조정의 건의를 수용하여 재개 준비를 중단했다.

그러나 1068년(문종 22) 7월에 송의 신종(神宗)이 상인 황신(黃愼)을 통해 국교 재개를 원한다는 뜻을 전달한 것이다. 후한 대접을 받고 돌아간 황신은 2년 뒤에 다시 송 조정의 명을 받고 고려를 찾아왔다. 고려는 이에 답하여 1071년(문종 25) 3월에 민관시랑(民官侍郎) 김제(金悌)를 사신으로 파견했다. 이 뒤로 양국은 활발하게 사신을 교환하며 문물을 주고받았다. 이러한 송의 제안은 당시 거란에 대항하기 위하여 고려와 연계하는 편이 유리하다는 판단에 따른 것이었다.

문종은 송의 사신단을 지극히 환대하며 적극적으로 교류에 나섰다. 송 역시 문종의 이러한 태도에 반색했다. 당시 지병으로 고생하던 문종의 요청에 대해 여러 명의 의관(醫官)과 많은 양의 약재를 보냈다. 또 사신단을 선발할 때 학문과 문장에 뛰어난 인물을 특별히 선발하기도 하고, 대장경을 선물로 보내기도 했으며, 사신들이 오갈 때 국신물(國信物)도 매우 후하게 준비했다.

고려의 사신단이 방문하면 경로의 지방관들에게 극진히 대접하도록 명령하여, 문장가로 유명한 소식(蘇軾)이 상소를 올려 너무 과한 대우를 한다고 비판할 정도였다. 이러한 고려와 송의 밀월 관계는 이후 금(金)이 대두하여 국제 정세가 변하는 시점까지 계속되었다.

국가 체제 정비를 위한 끊임없는 노력

문종대의 국제적 여건이 고려에 좋게 돌아간다고 해도, 그것이 고려의 태평성대를 만들어 주는 것은 아니다. 이 시기의 또 다른 중요한 특징은 국가 체제를 정비하려는 적극적인 노력이 이루어졌다. 전쟁 등 외부로부터의 변수가 줄어들었다는 점도 그러한 노력이 성과를 거두는 데에 많은 영향을 미쳤을 것이다.

문종이 체제 정비에 큰 관심을 가지고 있었음은 즉위한 이
듬해인 1047년(문종 원) 6월에 시중(侍中) 최충(崔冲)에게 율관
(律官)들과 함께 법률을 정비하게 한 것에서 알 수 있다. 문종
은 "법률은 형벌을 판단하는 기준이니 명백하면 형벌이 억울
하거나 지나친 것이 없고, 명백하지 못하면 형벌이 공평성을
잃게 된다. 현재 시행되고 있는 율령에 어떤 것은 잘못된 것
이 많아 매우 우려하고 있다"라며 시급히 정비하도록 했다.

두 달 뒤에 삼복제(三覆制)를 시행하여 죄수에게 사형(死刑)
을 내릴 때에는 혹시라도 억울한 일이 생기지 않도록 세 번
심사하여 결정하도록 지시한 것, 그리고 몇 해 뒤에 삼원신수
법(三員訊囚法)을 마련하여 반드시 3명 이상의 법관이 죄인을
심문하도록 지시한 것도 같은 맥락이다. 또 역학(曆學) 서적을
편찬하게 하고 각종 의학 서적을 간행시키는 등 다방면에 걸
쳐 기준을 세워 현실에 활용할 수 있도록 조치했다.

한편 문종대에는 경제면에서 관료들의 생활과 관련된 공
음전시(功蔭田柴)와 전시과를 정비한 일, 양전(量田)의 단위를
새로 정하고 전품제(田品制)를 도입해 전품의 기준을 세운 일,
재면법(災免法)과 답험손실법(踏驗損實法)을 제정하여 재해나
농사의 풍흉을 따져 세금을 조정하게 한 일 등의 사업이 진행
되었다.

관료제도 역시 손질이 필요했다. 천자와 제후의 위계를 나

타내는 오등봉작제(五等封爵制)의 도입, 녹봉제 확대 실시, 남반(南班)의 위상 격하, 기인(其人) 제도의 수정, 국자감의 학사 관리 엄격화 등이 이루어졌다. 또한 국업(國業)을 연장하기 위해 남경(南京)과 장원정(長源亭)을 건설하고 개경 인근의 경기(京畿)를 조정한 것은 국가적 거점 운용 면에서 큰 의미를 지닌 일이었다. 이런 일련의 조치들은 국초의 제도들을 달라진 현실에 맞게 재조정하는 중요한 일이었다.

풍요로운 문물과 태평시절을 노래하다

위와 같은 국내외적 여건과 제도의 개혁 노력은 고려인들에게 태평성대를 누리게 했다. 또한 이 시기에는 유학과 불교 등 다방면에서 많은 발전이 이루어졌다.

유학의 경우, 문종은 학생들이 학업에 힘쓰도록 지원하면서 국자감의 학사 관리를 엄격하게 규정하도록 했다. 역사서와 유학 관련 서적들을 간행하고, 이를 지방으로 내려보내 공부에 활용하도록 했다. 또 과거 급제자를 오래 배출하지 못했던 지역 출신이 급제하면 크게 우대하도록 하여 각지의 젊은이들을 격려했다. 관료들에게도 자주 시를 지어내도록 하여 글공부를 계속 연마하게 했다. 이러한 분위기에 맞추어 당대의 명신으로 해동공자(海東孔子)로 불린 최충은 은퇴 후에 제자들을 널리 모아 유학을 가르쳤으니, 이들을 '문헌공도(文憲公徒)'라 불렀다. 그리고 이를 본받아 다른 관리들도 속속 사학(私學)을 열었는데, 이들을 '사학 12도(徒)'라고 부른다.

문종은 불교에도 깊은 관심을 두고 있었다. 훗날 천태종(天台宗)을 고려에서 일으키고 교장(敎藏)을 간행하는 의천(義天)이 그의 아들이었다. 또 대운사(大雲寺)와 대안사(大安寺), 흥왕사(興王寺) 등의 절을 창건했다. 흥왕사는 2,800간에 달하는 거대한 사찰로, 무려 12년에 걸쳐 건립되었다.

훗날 문종은 이곳에 은으로 만들고 그 위에 금을 입힌 금탑을 세웠다. 송에서 대장경을 보냈지만, 거란에서도 또한 대장경을 고려에 보냈다. 불교의 정화라 할 수 있는 대장경을 선물하는 것은 상당한 의미가 있는 것이었고, 고려의 불교 발전에도 큰 영향을 미쳤다. 고려 역시 거란에 대장경을 선물로 보냈다. 훗날 의천이 대장경에 대하여 해석한 장소(章疏)를 수집하여 목록을 정리한 불교주석서인 교장(敎藏)의 간행이라는 거대한 사업을 수행할 수 있었던 기반이 이미 문종대부터 마련되고 있었던 것이다.

이러한 문종의 시대에 대하여 고려말의 정치가인 이제현(李齊賢)은 "당시 사람들이 태평성세라 불렀다"라고 하거나, "우리나라의 어질고 성스러운 군주다"라고 평가했다. 문종 재위 37년 동안 고려는 사회, 경제, 외교, 문화 등 모든 부분에서

눈부신 발전을 이루어 여진, 탐라, 일본계 호족들을 아우르던
해동천하(海東天下)를 완성시킬 수 있었다.

순종(順宗)

고려왕조의 오후, 외척의 시대, 개혁의 길

준비된 국왕, 그러나 운명의 별이 떨어지다

고려 12대 국왕인 순종은 이름은 휴(烋), 뒤에 훈(勳)으로 고쳤다. 자(字)는 의공(義恭)이다. 1047년(문종 1)에 태어나 1083년(순종 1) 10월에 사망했다. 문종과 어머니 인예태후(仁睿太后) 이씨(李氏) 사이에서 맏아들로 태어났다. 문종과 인예순덕태후의 사이에서는 왕훈을 비롯하여 훗날의 선종·숙종·대각국사 의천(義天) 등 10남 2녀가 있었다.

원래 문종에게는 첫 번째 왕비로 현종의 딸 인평왕후가 있었으나, 그녀에 대해서는 알려진 바가 없다. 당대의 중신(重

臣) 이자연(李子淵)의 두 딸이 문종에게 시집을 갔는데, 그중 장녀가 인예순덕태후이다. 처음에는 연덕궁주로 봉해졌다가 1052년(문종 6) 2월에 왕비로 책봉되었다. 이자연의 위상과 왕 훈의 존재가 함께 영향을 미쳤던 것으로 보인다.

비는 평양공(平壤公) 왕기(王基)의 딸 정의왕후(貞懿王后), 김 양검(金良儉)의 딸 선희왕후(宣禧王后), 이호(李顥)의 딸 장경궁 주(長慶宮主)이다. 자녀는 없다.

8살 때인 1054년 2월에 태자에 책봉되었다가 1083년(문종 37)에 왕위에 올랐으나, 문종의 죽음을 너무나도 슬퍼한 나머 지 심신이 쇠약해져 4개월 만에 사망했다. 고려 전체를 통틀 어 가장 짧은 재위 기간을 가졌던 왕이었다.

아버지를 대신한 태자 시절

태자 시절 왕훈의 삶에 대하여 자세한 기록은 없으나, 태자 책봉 교서에 따르면 숙성한 용모와 자태가 뛰어났다고 한다. 그가 태자로 책봉된 것은 1054년(문종 8) 2월의 일로, 8살 때 였다. 이때 이름을 휴에서 훈으로 개명했다.

그리고 4월에는 거란에 사신을 파견하여 태자를 세운 것을 알렸다. 한편 5월에는 탐라(耽羅)에서 태자 책봉을 축하하는 사신이 온 것으로 보아, 책봉 사실이 널리 알려졌던 모양이다.

거란에서는 이듬해 5월에 사신을 파견하여 왕태자를 삼한국
공(三韓國公)으로 책봉했다. 고려의 태자가 거란의 책봉을 받
은 것은 현종대 이후 첫 번째 일이었다.

1057년(문종 11) 3월에는 거란에서 사신을 보내어 왕훈을
순의군절도사 삭무등주관찰처치등사 숭록대부 검교태위 동
중서문하평장사 사지절 삭주제군사 행삭주자사 상주국 삼한
국공·식읍 3,000호 식실봉 500호(順義軍節度使朔武等州觀察處
置等使崇祿大夫檢校太尉同中書門下平章事使持節朔州諸軍事行朔州
刺史上柱國三韓國公 食邑三千戶 食實封五百戶)로 책봉했다. 이때
왕훈은 남교(南郊)로 나가서 책명을 받았는데, 문종이 몰래 행
차하여 그 의례를 보았다고 한다. 또 1065년(문종 19) 4월에는
여기에 시중(侍中)을 겸하고 특진(特進)을 더해주었다.

문종은 이렇듯 왕훈의 태자 책봉을 대외적으로 널리 알리
고 공인받았다. 문종은 대내적으로도 왕훈의 위상에 상당한
신경을 썼다. 1056년(문종 10) 9월에는 왕훈에게 여러 종친 및
신하들과 함께 하는 잔치를 주관하도록 했고, 10월에는 태묘
에 배알하도록 했다.

태자의 생일은 장흥절(長興節)로 지정되어 중외(中外)의 신
하들이 전(箋)을 올려 하례(賀禮)했음도 알 수 있다. 1063년(문
종 17) 4월에는 비각(秘閣)에 소장되어 있던 각종 서적을 태자
에게 하사했으며, 1068년(문종 22) 8월에는 송나라의 진사(進

士)들을 불러 시부(詩賦)를 시험하도록 명령하기도 했다.

신하들과 잔치를 열 때도 태자와 동석했다는 기록이 다른 왕대와는 달리 자주 등장한다. 1074년(문종 29) 4월에는 나아가 과거 급제자들에 대한 복시(覆試)를 태자에게 주관하도록 명한 적이 있으며, 1078년(문종 32)에는 송에서 온 사신단을 인도하는 임무를 명하기도 했다. 1083년(문종 37)에는 송에서 보낸 대장경(大藏經)을 개국사(開國寺)에 봉안하는 일을 맡겼다.

이렇게 태자로서의 활동이 다른 시기보다 상대적으로 많이 보이는 것은 문종의 오랜 재위 기간과도 상관이 있다. 사신단을 맞이했던 1078년(문종 37)은 이미 왕훈의 나이가 32살로, 당시로써는 정치활동을 하기에 이미 충분히 원숙한 연배였다. 또한 부왕 문종이 풍비(風痺)라는 질병으로 고생하고 있었다는 점도 함께 고려되었다. 문종은 고질병으로 풍비를 앓아서, 송에 사신을 보내어 의원을 요청하기까지 했다.

송에서는 황제가 의원과 약재를 보내주는 호의를 보였지만, 문종의 질병이 쉽게 낫지는 않았다. 고령에 질병이 겹치면서 문종은 막중한 국정의 총괄을 모두 감당하기에 어려움을 겪었으며, 장성한 태자가 그 일부를 맡아야 했다.

부친의 상을 치루다 짧은 치세가 된 국왕

왕훈은 이렇게 오랫동안 태자로 있으면서, 어려서는 아버지 문종의 보살핌을 많이 받았고, 장성해서는 부왕을 보필하며 정치 경험을 쌓을 수 있었다. 문종은 1083년(문종 37) 7월에 병이 심해지자 왕위를 태자에게 넘기고 곧 사망했다. 이렇게 하여 왕훈은 국왕으로 즉위했으니, 바로 순종이다. 순종은 즉위 후 아버지의 장례를 치르며 거란에 사신을 파견하여 부왕의 서거를 알렸다. 이어 사면령을 내리는가 하면 회경전(會慶殿)에서 도량(道場)을 열고 대규모로 3만 명에게 반승(飯僧)하는 등 민심 수습을 위한 노력을 했다.

그러나 순종의 건강이 좋지 않았다. 그는 젊어서부터 병이 있었다고 하는데, 부친의 상을 치르며 더욱 심해졌다고 한다. 결국 즉위한 지 4개월 만에 동생 왕운(王運)에게 왕위를 전하고 죽으니, 그의 나이 37살 때였다. 너무 이른 죽음이었다.

오랜 세월 태자로서 국왕이 되기 위한 수업을 받았던 왕훈은 그가 실제로 국왕에 즉위하여 어떤 정치를 펼쳤을지는 알 수 없다. 어쩌면 그의 건강 악화가 오롯이 부친의 죽음을 애통해했기 때문만은 아니었을 수도 있다. 하지만 짧은 그의 치세 기간을 담은 『고려사』의 내용만으로는 추정하기 어려운 일이다.

선종(宣宗)

안정된 징검다리, 고려의 전성기를 잇다

뒤 국왕들에게 가려진 국왕

고려 13대 국왕인 선종은 이름은 운(運), 초명은 증(蒸) 또는 기(祈)이며, 자는 계천(繼天)이다. 1049년(문종 3)에 태어나 1094년(선종 11)에 사망했다. 문종과 인예순덕태후 이씨 사이에서 둘째 아들로 태어났다. 비는 이예(李預)의 딸 정신현비(貞信賢妃), 이석(李碩)의 딸 사숙태후(思肅太后), 이정(李頲)의 딸 원신궁주(元信宮主)이다. 사숙태후는 헌종(獻宗)과 수안택주(遂安宅主)를 낳았고, 정신현비는 경화왕후(敬和王后)를 낳고 죽었다. 헌종은 4남 3녀를 두었으나 자녀들의 운명은 그리 좋지 않았다. 아들 둘과 딸 하나는 어려서 죽어 그 이름조차 전해지지 않고, 한산후(漢山侯) 왕윤(王昀)은 정치적 암투에 시달리다가 목숨을 잃게 된다.

문종의 둘째 아들로 형인 순종이 즉위 직후 건강 악화로 사망하자, 그 뒤를 이어 즉위했다. 왕위에 오른 헌종은 이자의(李資義)의 난을 겪고 왕위를 삼촌에게 넘기고 말았다. 한편 딸 수안택주(遂安宅主)는 태어날 때부터 앞이 보이지 않았다고 한다. 유일하게 경화왕후(敬和王后)만이 훗날 예종의 첫째 왕비가 되어 왕의 사랑을 받았다고 하나, 그녀 역시 31살의 이른 나이에 세상을 떠났다.

고려의 전성기를 말하라면 늘 거론되는 국왕은 문종이다. 안정된 국제 정세 속에서 40년 가까이 왕위에 있으면서, 나라 안팎으로 평온한 시대를 이어갔다. 문종의 후대 국왕으로 주로 언급되는 국왕은 숙종과 예종이다. 대내적으로는 화폐 사용을 장려하는 등의 주목되는 조치가 있었고, 대외적으로는 별무반(別武班) 설치와 여진 정벌이라는 굵직한 사건이 있었기 때문이다. 그 사이에 있었던 선종(宣宗)은 이들의 위업에 가려져 있다.

거란과의 분쟁, 외교와 자강을 위한 노력

선종 재위 연간에 부각되었던 사건 중 하나는 거란과 압록 강 유역 각장(権場) 설치를 둘러싸고 빚었던 분쟁이다. 각장이 란 일종의 국가 간 교역 시장으로, 거란이 압록강 일대에 양국 의 물자를 교역하는 시장을 설치하려고 하자 고려가 극력 반 대하여 중단시켰던 사건이다. 당시 고려는 외교적으로 거란 에 지속적으로 각장 설치에 반대하는 한편, 내부적으로는 물 리적 충돌의 가능성에 대해서도 대비를 갖추었다.

성종대에 양국은 압록강을 경계로 삼는 데에 합의했다. 그 러나 이후 현종대의 전쟁 과정에서 압록강 동쪽의 보주(保州, 의주) 지역이 거란에 의해 점령되었다. 거란은 보주 지역을 거 점으로 고려 방면으로 영토를 계속 확장하려 했다. 이미 문종 대에도 여러 차례 이를 둘러싼 갈등이 있었다.

1086년(선종 3) 5월에 고려는 거란에 사신을 파견하여 각장 설치 계획을 중단해 달라고 요청했다. 각장이 단순한 교역 시 설이 아니라 거란의 각종 거점으로 활용될 점을 우려한 때문 이다. 당시 송과 거란 사이에 설치된 각장에서 그러한 문제가 발생했기 때문에 고려도 이러한 입장을 갖게 된 것이었다.

거란에서 당시 어떻게 구체적으로 각장 설치를 추진했는지 는 알 수 없다. 그러나 고려는 상당히 예민하게 이에 대응했다. 1087년(선종 4) 1월에 고주사(告奏使)와 밀진사(密進使)가 각각 파견되었던 것도 아마 이와 관련된 사행이었을 것이다.

선종은 같은 해 10월에도 다시 예빈소경(禮賓少卿) 유신(柳伸)을 요에 고주사로 파견했다. 그러나 논의가 잘되지 않았던 것인지, 1088년(선종 5) 9월에 다시 태복소경(太僕少卿) 김선석(金先錫)을 파견하여 각장 설치를 중단하여 달라고 요청했다. 이때 고려가 올린 표문이 『고려사』에 실려 있다. 고려는 거란에 대하여 선대의 합의에 따라 압록강 경계선을 준수할 것을 종용하며, 그 동쪽에 설치된 각종 시설물을 철거하고 각장 신설을 중단하여 달라고 요청했다. 양국 간 경계 획정의 대원칙과 거란이 이를 위반한 역대의 여러 사례를 조목조목 나열하며 거란의 잘못을 지적했다. 또한 오랫동안 조공을 보냈지만 이 문제로 그동안의 성의가 아무 소용이 없었다는 원망이 커지고 있다며 강한 불만을 드러내었다.

이렇듯 외교를 통해 각장 설치 중단을 요청하는 한편, 만약의 사태에 대비하여 각종 군사적 조치도 서둘렀다. 1086년(선종 3) 9월에는 개경과 서경의 무관(武官)들을 소집하여 몇 달 동안 군사 훈련을 시켰고, 12월에는 다시 양경(兩京)의 문관(文官)들까지 소집하여 활쏘기를 시키고 검열했다.

1087년(선종 4) 1월에는 거란에 고주사를 보낸 직후에 산천(山川)과 종묘(宗廟)·사직(社稷)에 신병(神兵)을 보내 전쟁을 도와달라는 기원을 담은 제사를 올리기도 했다. 또한 1088년 (선종 5) 2월에는 각장 설치에 대비하기 위하여 중추원부사(中樞院副使) 이안(李顔)을 장경소향사(藏經燒香使)라고 칭하고 구주(龜州)에 가서 은밀히 변방의 일에 대비하게 했다.

이렇게 고조되던 긴장은 1088년(선종 5) 11월에 거란이 김선석을 통해 보낸 회답으로 일단락되었다. 이때의 회답은 각장 문제로 더 이상 걱정하지 말고 안심하라는 짧은 내용만이 전해진다. 이후 숙종대의 기록을 보면, 당시 거란이 고려의 요청에 따라 각장 설치 계획을 중단했음을 확인할 수 있다.

이렇게 양국 간 갈등 관계는 해결되었지만, 고려는 거란에 대한 경계를 누그러뜨리지 않았다. 1091년(선종 8) 1월에는 병거(兵車)를 제작하여 구주에 배치해서 유사시에 대비하자는 서북면병마사 겸 중군병마사 유홍(柳洪)의 건의를 채택했고, 1093년(선종 10) 6월에는 이전에 박원작(朴元綽)이 제작하여 변방에 배치했던 천균노(千鈞弩)의 사격 연습을 재개하자는 도병마사(都兵馬使)의 건의도 재가했다. 또 도병마사가 전시에 병사들에게 입힐 옷을 미리 제작하여 급할 때 쓰게 하자는 주청도 허락했다. 이외에도 당시의 기록 곳곳에서 거란과의 전쟁에 대비했던 모습이 보인다.

이렇듯 선종대에 고려는 거란과 벌어진 갈등 사안에 대하여 사대관계를 지키면서도 지속적이고 명확한 주의를 외교적으로 제기하는 한편, 유사시를 대비하여 군사적인 조치도 병행하는 적극적인 모습을 보여주었다. 그리고 마침내 거란의 각장 설치를 포기하게 유도하는 성과를 거두었다.

활발한 국제 문화 교류와 문화 융성을 향하다

선종은 선대부터 이어져 온 여진과의 관계를 잘 유지했다. 많은 여진 부족들이 고려로 와 말 등을 헌상하고, 고려부터 작위와 회사품을 받아갔다. 간혹 변경을 침범하는 여진인들도 있었으나, 대체로 원만한 관계를 유지했다. 탐라(耽羅) 역시 예전처럼 토산물을 헌상하고 작위와 회사품을 받아갔다.

무엇보다 이 시기에 주목되는 것은 고려와 송의 교류이다. 선왕 문종대에 고려는 자국의 문화도 송에 뒤질 것이 없다는 자부심을 내비치기도 했다. 송과 교류가 재개되고 문물이 왕래하면서 문화에 대한 관심은 한층 높아졌던 것으로 보인다.

이는 송에서도 마찬가지였다. 대표적인 사례로 1091년(선종 8) 6월에 송에 파견되었던 이자의(李資義) 등 사신단이 돌아오면서, 고려에 있는 희귀도서들의 목록을 보내며 완질이 아니더라도 보내 달라고 요청하는 송 황제의 글을 가져온 일을 들 수 있다.

또한 이 시기의 대표적인 문물교류는 의천(義天)의 활동에서 찾아볼 수 있다. 선종의 동생 의천은 1085년(선종 2) 4월에 구법(求法)을 위해 송으로 향했다. 의천은 부왕(父王) 문종이 재위하고 있을 때부터 송에 가려 노력했으나 허락을 받지 못했다. 그러자 이때 문도(門徒) 두 사람만을 데리고 송의 상인을 따라 몰래 밀항을 했다.

송에 도착한 의천은 송 황제의 큰 환대를 받았고, 그의 지원을 받으며 많은 고승(高僧)을 만나고 귀중한 불교 전적들을 입수하여 고려로 돌아왔다. 이어 교장도감(敎藏都監)을 설치하고 거란·송·일본의 불교 서적들을 모아 고려 전래의 전적들과 함께 정리했으니, 이는 동북아시아 불교문화를 집대성한 큰 사업이었다.

이러한 분위기 속에서 1087년(선종 4)에는 송의 상인 서전(徐戩) 등 20명이 와서 화엄경판(華嚴經板)을 헌상했고, 1089년(선종 6)에는 새로 주조한 13층 황금탑을 회경전(會慶殿)에 설치하는 등 불교에 대해서도 적극적이었다. 유교에 대한 관심은 1091년 예부(禮部)의 주장으로 국학(國學)에 72현의 상을 벽에 그려 붙였는데, 차례는 송나라 국자감(國子監)의 예를 따르고, 복장은 공자의 제자들인 10철(十哲)을 모방하게 했다.

선종의 재위 기간이 요순시대처럼 평화롭고 행복했던 것만은 아니다. 가뭄이 여러 해 계속되어 어려움을 겪었고, 풍요로

운 문화는 사치로 이어져 이에 대한 대책 마련이 논의되기도
했다.

그러나 국청사(國淸寺)와 홍원사(弘圓寺), 홍호사(弘護寺) 등
큰 사찰이 창건되는 이면에는 어려움이 가중되는 백성들의
삶이 있었다. 그러나 이 시기의 고려는 이러한 내부의 문제에
대해 선종 이하 조정의 신료들이 자성과 개선의 노력을 보이
고 있었으며, 거란의 각장 설치 시도와 같은 외부의 압력에 대
해서도 대응하고 있었다. 이러한 면은 선종의 시대가 앞뒤 시
기에 비하여 상대적으로 빛은 덜하더라도 고려가 전성기를
누리는 징검다리 구실을 했다고 할 수 있다.

헌종(獻宗)
숙부의 그늘에 가려진 어린 군주

서화(書畵)에 빠진 어린 국왕

고려 14대 국왕인 헌종의 이름은 욱(昱)이다. 1084년(선종 원) 6월에 태어나 1097년(숙종 2)에 사망했다. 선종과 사숙태후 이씨 사이에서 맏아들로 태어났다. 사숙태후 소생으로는 수안택주(遂安宅主)가 있다. 헌종은 어려서 즉위했으나 얼마 재위하지 못하고 왕위에서 물러난 데다가, 그나마도 얼마 뒤 사망했기 때문에 부인이나 자식은 두지 못했다.

왕욱이 '욱'이라는 이름을 받은 것은 5살 때였다. 1088년 (선종 5) 11월에 선종은 맏아들에게 '욱'이라는 이름을 내리면서 은그릇과 비단 등 각종 물품을 하사했다. 이날 선종은 어머니를 모시고 잔치를 벌이면서, 자신의 동생들인 조선공(朝鮮公)·계림공(鷄林公)·상안공(常安公)·부여후(扶餘侯)·금관후(金官侯)를 초청하여 함께 즐겼다고 한다.

왕욱은 그로부터 5년 뒤인 1093년(선종 10) 3월에 머물고 있던 연화궁(延和宮)을 떠나 수춘궁(壽春宮)으로 들어오도록 명을 받았다. 수춘궁은 5년 전에 선종이 왕욱에게 이름을 내린 뒤에 왕실 가족들과 잔치를 벌였던 장소였다. 선종은 동지중추원사(同知中樞院事) 유석(柳奭)을 태자좌첨사(太子左詹事)로, 좌간의대부(左諫議大夫) 손관(孫冠)을 태자우첨사(太子右詹事)로 삼아 왕욱을 보좌하게 했다. 9살 때부터 왕욱은 서화(書畵)에 재미를 붙였으며, 또한 총명하여 한 번 본 것은 잊는 일이 없었다고 한다.

태자 시절부터 아버지 문종을 보좌하며 정치를 익혔던 선종이 자신의 아들에게 거는 기대도 컸을 것이다. 하지만 선종은 1094년(선종 11) 윤4월에 병이 들었고, 5월에 그만 사망하고 말았다. 선종의 유언을 받들어 왕욱이 왕위에 올랐으니, 그의 나이 겨우 11살 때였다.

타고난 성품이 총명하고 지혜로웠지만 나이가 어려 수성(修省)할 줄 모르고, 다만 내의(內醫) 3~4명을 불러들여 방서(方書)를 토론하고, 혹은 서화를 익힐 뿐이었다. 이자의(李資

義)의 반란을 진압한 숙부 계림공(鷄林公) 왕희(王熙, 숙종)의 왕위 찬탈로 일찍 태상왕으로 물러났으며, 만 12살이라는 어린 나이에 죽은 비운의 군주이다. 처음 숙종대에는 '회상대왕(懷殤大王)'이었으나 예종대에 묘호를 '헌종(獻宗)'이라 하고, 시호를 '공상대왕(恭殤大王)'으로 고쳤다. 이후 고종 대에 '정비(定比)'를 추가해 존호는 '헌종 정비공상대왕(獻宗 定比恭殤大王)'이 되었다.

어머니의 섭정과 삼촌의 노림수

고려왕조에서 10대의 나이에 왕위에 오르거나 관직에 나아가는 일이 크게 이상한 일은 아니었다. 하지만 11살은 너무 어린 나이였다. 역대 고려의 국왕 중에 헌종보다 어린 나이에 즉위한 것은 뒤의 충목왕과 우왕·창왕뿐이었다. 그렇기에 헌종이 바로 정치 일선에 나서지 못하고, 어머니인 사숙태후가 섭정을 하게 되었다. 사숙태후는 인주(仁州) 이씨 이석(李碩)의 딸로, 선대의 중신이었던 이자연의 손녀가 된다.

국왕으로서 헌종이 당면한 현실은 그리 녹록지 않았다. 이 시기의 상황을 '왕은 유약하고 병이 있어서 정치를 직접 듣고 처리할 수 없었다. 모후(母后)가 나랏일을 오로지하니, 좌우(左右)가 그 사이에서 우물쭈물했다'라고 했다. 이를 보면 당시의 정세가 매우 불안했음을 보여주는 사례가 된다.

우선 비록 짧은 시간이었지만 헌종은 즉위 후에 대사면령을 내리고 누리떼[蝗]의 피해에 대한 대책을 논의하게 했다. 또 궁궐로 노인들을 초청하여 잔치를 열어주고 물품을 하사했다. 상중이었음에도 불구하고 국왕으로서 원구(圓丘)·방택(方澤)·종묘(宗廟)·사직(社稷) 등에 대한 제사도 빠트리지 않고 올렸다고 한다. 불교 의식인 업(業)을 방지하는 목차계(木叉戒)를 건덕전(乾德殿)에서 받았다.

그러나 그의 나이를 고려할 때, 이러한 일들이 헌종이 국왕으로서 자각하여 스스로 수행한 것은 아니었다. 어려서부터 헌종은 정치에는 관심을 두지 않고 내의(內醫)들과 어울려 방서(方書)를 읽고 서화(書畵)를 배우곤 했기 때문이다.

이 시기에도 거란과 송·여진·탐라 등 주변 국가들과 교류가 계속되었다. 거란에서는 선종에게 제사를 지내고 헌종을 기복(起復, 상중에 있는 사람이 탈상하게 하여 정무를 보게 함)시키는 사신을 파견했다. 그 뒤로도 양국 간에 사신들이 자주 왕래했다. 송에서는 상인(商人) 서우(徐祐)와 그 일행이 1094년(헌종 즉위) 6월에 예방한 것을 시작으로, 여러 차례에 걸쳐 상인들이 헌종을 알현했다. 이들을 따라 자은종(慈恩宗)의 승려 혜진(惠珍)이 고려를 방문하기도 했다.

이는 앞 시기부터 활발하게 벌어지던 양국 간의 교역이 헌종 즉위 후에도 이어지고 있었음을 보여준다. 또 동여진 부족들도 국왕을 알현하고 말과 정보를 올린 뒤에 물품을 하사받았다. 탐라에서도 사신단이 파견되어 토산물을 헌상했다.

따라서 비록 어린 헌종이 즉위했지만, 고려의 국정 운영은 이전 시기와 같이 유지되고 있었다. 하지만 그 이면에는 왕위를 둘러싼 유력자들 간의 갈등이 불거지면서 정국은 크게 소용돌이 치고 있었다.

'이자의(李資義)의 난'과 양위, 그리고 죽음

헌종은 즉위한 직후 여러 왕실 구성원의 지위를 높여주었다. 그 대상은 숙부인 조선공(朝鮮公) 왕도(王燾), 계림공(雞林公) 왕희(王熙), 상안공(常安公) 왕수(王琇), 부여공(扶餘公) 왕수(王㸂)를 비롯하여 고모부 낙랑백(樂浪伯) 왕영(王瑛), 이복동생 한산후(漢山侯) 왕윤(王昀)이었다. 또 소태보(邵台輔)와 이자위(李子威), 유석(柳奭), 임개(林槩), 이자의(李資義), 최사추(崔思諏), 이예(李預), 손관(孫冠) 등 중신들에 대해서도 승진 조치를 내려 우대했다. 무장 중에서는 왕국모(王國髦)가 권상서병부사(權尙書兵部事)에 오르며 권력을 장악하고 있었다.

이러한 조치는 여러 유력자를 우대하고 원활한 정국운영이 이루어지도록 하려는 계획이었지만, 오히려 이들 간에 권력에 대한 주도권 다툼이 심해지고 있었다. 그 징표가 바로 '이자의의 난'이었다.

이자의는 헌종의 이복동생인 한산후 왕윤의 외삼촌으로 당대의 중신이었다. 한산후의 어머니인 원신궁주(元信宮主)는 이정(李頲)의 딸로, 역시 이자연의 손녀였다. 이자연의 여러 아들 중 이석과 이정이 각각 자신의 딸을 선종의 후비로 들여보냈고, 이들이 또 각각 아들을 낳았던 것이다. 당시 이자의는 헌종이 몸이 약하므로 만일의 사태에 대비하여 자신의 조카인 한산후를 옹립하기 위해 세력을 길렀고, 나아가 궁궐을 공격할 준비까지 했다고 한다. 이를 눈치챈 계림공 왕희(王熙)가 재상 소태보, 상장군(上將軍) 왕국모 등과 함께 먼저 이자의를 죽이고 그 세력을 제거함으로써, 이른바 '이자의의 난'은 종결되었다. 승리한 숙종 측의 입장에서 정리가 된 기록이므로 사건의 전모를 단정적으로 말할 수는 없지만, 당시 국왕의 자리를 둘러싸고 심각한 정치적 알력이 있었다는 점은 알 수 있다. 1095년(헌종 1) 7월의 일이었다.

헌종은 난을 진압한 숙부 계림공을 중서령(中書令)으로 올리고, 그에게 동조한 소태보와 왕국모 등에게도 관직을 올려주었다. 그리고 석 달 뒤인 10월, 자신은 나이도 어리고 병이 들어 정치를 제대로 펼 수 없다는 이유로 계림공에게 왕위를 선양하고 후궁으로 물러났다. 계림공은 바로 숙종이다.

어쨌든 헌종은 즉위한 지 1년 5개월 만에 왕위에서 물러났다. 갑작스러운 왕위 교체에 거란에서는 약간의 의문을 가졌던 것 같지만, 질병 때문이라는 고려의 해명을 받아들일 수밖에 없었다.

헌종은 1096년(숙종 원) 2월에 흥성궁(興盛宮)으로 나가 살겠다고 청하여 받아들여졌고, 상왕으로 물러난 지 2년 후인 1097년(숙종 2) 윤2월에 사망했다. 이제현은 "젖먹이 어린아이에게 대권을 물려주는 이가 있다면 이 일로 경계를 삼아야 할 것이다"라며 어린아이에게 왕위를 물려주는 것을 경계하고 있다.

헌종은 소갈증으로 인한 소아당뇨 합병증이었을 것으로 추정되며 죽기 직전까지도 병석에 누워 있었다고 한다. 지지 세력도 실권도 없었거니와 밀려난 왕이라 그런지 묘도도 없었으며, 숙종은 '회상대왕'이라는 시호만 올렸을 뿐이었다. 이후 사촌인 예종이 즉위하면서 원년(1105) 11월 '헌종(獻宗)'이라는 묘호를 올려 태묘에 제사를 지냈다.

헌종이 좀 더 자랐다면 훌륭한 군주가 되었을 것인지, 아니면 방탕한 혼군(昏君)이 되었을 것인지도 알 수 없다. 하지만 채 피어보지도 못한 채 어른들의 비정한 권력 다툼 속에서 14살에 꺾여버린 그의 운명은 조선의 어린 단종을 떠올리게 한다.

숙종(肅宗)
친조카의 왕위를 찬탈한 국왕, 부국강병을 꿈꾸다

뛰어난 형제들과 함께한 국왕

　　고려 15대 국왕인 숙종은 초명은 희(熙)이고 즉위 후에 옹(顯)으로 고쳤다. 자는 천상(天常)이다. 1054년(문종 8)에 태어나 1105년(숙종 10)에 사망했다. 문종과 인예순덕태후 사이의 세째아들로 태어났다. 순종, 선종과는 동복형제이다. 비는 유홍(柳洪)의 딸 명의태후(明懿太后)이다. 유일한 비라는 점에서 고려왕조의 다른 국왕들과 비교하면 이례적이다. 명의태후와의 사이에 예종과 상당후(上黨侯) 왕필(王佖), 원명국사(圓明國師) 왕징엄(王澄儼), 대방공(帶方公) 왕보(王俌), 대원공(大原公)

왕효(王侾), 제안공(齊安公) 왕서(王偦), 통의후(通義侯) 왕교(王僑)와 대령(大寧)·흥수(興壽)·안수(安壽)·복녕(福寧) 궁주(宮主) 등 네 딸을 낳았다.

하지만 「귀법사적소수좌 현응 묘지명(歸法寺寂炤首座玄應墓誌銘)」에 따르면, 귀법사 주지 현응(玄應)이 숙종의 아들이라고 기록되어 있는데, 명의태후의 소생은 아닌 것으로 추정된다. 명의태후 외에 최소 한 명의 다른 왕비가 더 있었던 것으로 보인다.

숙종은 신라의 헌덕왕 김언승(金彦昇), 조선의 세조 이유(李瑈)처럼 조카의 왕위를 빼앗고 왕위에 오른 것 때문에 비난받는다. 그러나 즉위한 후 이들은 본인의 출중한 능력을 발판삼아 많은 업적을 남겨서 긍정적인 평가를 받는다. 1065년(문종 19) 2월에 계림공에 봉해지고, 1092년(선종 9)에는 선종을 호종하여 서경에 다녀오기도 했다. 어려서부터 총명하고 슬기로웠으며, 자라서는 효도하고 공경하며, 부지런하고 검소하며, 웅걸하고 굳세어 과단성이 있고, 오경·제자서(諸子書)와 사서를 해박하게 열람하지 않은 것이 없었다고 한다.

1097년(숙종 7)에 주화(鑄貨)를 만들어 통용시켰고, 1101년에는 은병(銀甁)을 만들었으며, 1102년에는 해동통보 1만 5천 관을 만들어 문·무 양반과 군인들에게 분배했다. 양주에 남경(南京)을 건설하여 궁궐을 지었으며, 서경에 기자사(箕子祠)을 세워 제사했다. 별무반을 처음 설치하고 여진 정벌을 단행했다. 서경에 순행하여 동명왕묘(東明王廟)에 제사하고, 병이 들어 개경으로 돌아오다가 수레 안에서 사망했다.

조카를 대신해 문벌귀족을 견제하다

1083년(문종 37)에 문종이 세상을 떠나자 장자인 순종이 왕위를 이었으나, 불과 석 달 만에 병으로 세상을 떠나면서 둘째 아들인 국원공(國原公)이 13대 국왕으로 즉위했다. 그가 선종이다.

선종의 재위 후반기로 가면서 문벌귀족 내부의 갈등이 노출되기 시작했다. 이러한 때에 병으로 죽은 선종의 뒤를 이어 11살의 아들인 헌종이 즉위했다. 당시 선종에게는 헌종 외에 또 다른 부인인 원신궁주(元信宮主)와의 사이에 한산후(漢山侯) 윤(昀)이라는 아들이 더 있었다. 『고려사』에는 당시의 상황에 대해 '난'이 벌어지려 했다고 기록되어 있다. 원신궁주의 오빠인 이자의가 자신의 조카를 헌종의 후사로 삼으려고 계획했다는 것이다. 1095년(헌종 원) 7월에 이자의가 사병을 모아 거사하려고 하자, 선종의 동생인 계림공 희가 평장사 소태보, 상장군 왕국모 등을 동원하여 국왕을 호위하는 한편으로 이자의를 살해했다. 이 사건을 '이자의의 난'이라고 부른다. 이때의 공으로 계림공은 중서령이 되었다가 이해 11월에 헌종의 양위를 받아 즉위했다. 바로 숙종이다. 이 사건은 왕위 계승을 둘러싸고 종실과 외척의 갈등이 대립한 것이었지만, 외척세력의 권력 장악을 꺼리는 많은 관료가 숙종의 행동에 동조하거나 묵인했다. 하지만 이 사건은 오히려 계림공 측이 계획적으로 일으킨 사건으로 본다.

아마도 당시 왕실과 외척의 대립이 어느 정도 예상한 문종은 숙종을 사랑하여 항상 말하기를, "뒷날에 왕실을 부흥시킬 자는 바로 너다"라고 말할 정도로 왕실의 기대를 받았다. 실제로 "1095년에 선종을 호종하여 서경에 갈 때, 그가 머물던 막차(幕次) 위에 자기(紫氣)가 날아오르니, 기운을 살피던 사람이 왕자(王者)의 상서라 했다"라는 일화도 전해진다.

이렇게 왕위에 오른 숙종은 일단 원신궁주 이씨와 한산후를 인주(仁州)로 내쫓고, 자신의 즉위에 공이 큰 소태보를 시중에, 왕국모를 참지정사로 발탁하는 인사조치를 취했다. 또한 숙종은 왕권의 강화와 안정적인 왕위 계승을 마련하려고 노력했다.

때문에 숙종은 문종이나 선종, 뒤의 예종, 인종이 인주 이씨와 혼인을 했던 것과는 달리 정주 유씨와 혼인을 맺었다. 이는 인주 이씨처럼 특정 세력이 외척이 된 후 그를 배경으로 권력을 키우는 것을 방지하기 위한 목적이었다. 이와 함께 태

자를 보필하는 조직인 동궁관을 대대적으로 개편하며, 첨사
부(詹事府)를 설치하고 체계적인 조직을 갖추었다. 문종이 태
자이던 순종을 위해 동궁시위공자 30명을 선발했던 것에 비
하면 진일보한 조치인 셈이다.

1105년(숙종 10)에 서경에 행차했다가 개경으로 돌아오는
길에 병으로 세상을 떠났다. 시호는 명효(明孝)였으며, 인종
18년에 문혜(文惠), 고종 40년에 강정(康正)이라는 시호가 덧
붙여졌다.

부국강병을 향한 화폐 주전책

숙종의 재위 기간 동안 정치활동에 주목할 점은 세 가지이
다. 하나는 남경(南京)의 건설이다. 이미 문종 때에도 남경을
설치한 바 있지만, 이는 '남경'이란 관부를 둔 것에 불과한 것
이었다. 반면 숙종은 이보다 훨씬 큰 규모로 남경을 건설했다.
1099년(숙종 4)에는 김위제(金謂磾)의 말에 따라 남경(南京)에
터를 잡고 궁궐을 조영하게 했다.

또 하나는 화폐를 사용하는 주전(鑄錢)정책의 실시이다. 이
것은 동생인 대각국사 의천(義天)의 적극적인 제안으로 추진
되었다. 이 정책에 앞장선 의천의 상소문에 따르면, 주전, 즉
동전의 사용은 교환과 운반에 편리하며, 쌀이나 포를 사용할

때 발생하는 수취과정에서의 부정을 방지할 수 있으며, 더 나아가서는 농민을 보호하고 이들에 대한 지배층의 불법을 막아서 국가의 경제력 및 왕권을 강화하는 데에 유효하다고 주장했다. 결국 주전정책은 경제발달의 과정에서 나온 것이 아니라 왕권의 강화라는 정치적 목적을 위해 추진된 정책이었다. 특히 의천은 왕실과 국왕의 후원을 받아 천태종을 열었는데, 이것은 경원 이씨와 관련이 깊은 법상종 등 교종이 중심이던 당시 불교계의 재편을 의미했다. 이것도 왕권의 강화와 깊은 관련이 있다.

이 같은 배경에서 1097년(숙종 2)에는 주전관을 두면서 금속화폐의 유통을 추진했다. 1102년(숙종 7)에는 해동통보(海東通寶) 등 동전 1만 5천 관을 주조하여 재추·문무양반·군인에게 나누어주고, 1104년(숙종 9)에는 군현에 미곡을 방출하도록 하고 주점(酒店)과 식점(食店)을 열어 이곳에서 교역하게 함으로써 화폐 사용의 편리함을 알리게 했다. 또 일종의 고액권인 은병(銀甁)도 새로운 화폐로 사용되었다. 1101년(숙종 6)에 은 1근으로 고려의 지형을 본뜬 은병을 만들어 통용시킨 것이다.

이것은 은 자체로 국제무역이나 상류층에서 사용되던 것을 일정한 규격에 따라 공인하여 유통시킨 것으로, 은병은 법정통화의 위치를 갖게 되었다. 속칭 '활구(闊口)'로 불렸다는 점에서 입이 큰 호리병 모양이었다. 이 같은 노력은 도시에서는 어느 정도 화폐가 사용되기는 했지만, 그다지 활발하게 유통되지 못했다.

대외관계 변화와 여진 정벌

다른 하나는 대외관계의 변화, 즉 여진의 성장에 따라 고려 북쪽 국경이 불안정해진 점이다. 즉 흑룡강(黑龍江) 일대에서 완안부가 일어나면서 그 세력이 동남 방향으로 뻗어 나갔다. 완안부의 추장인 오아속(烏雅束)은 세력이 더욱 커져 고려에 복속하고 있던 여진의 지역인 갈라전(曷懶甸) 지역으로 군대를 보내 정벌하고, 1104년(숙종 9)에는 고려로 항복해 오는 여진인을 추격하여 정주(定州)의 장성 부근에까지 출현하는 상황이 벌어졌다. 이에 선제적으로 여진 정벌이 벌어지게 되었다. 임간(林幹)과 윤관이 차례로 정벌했지만 모두 고려의 패배로 끝이 났다.

이 전쟁을 이끌었던 윤관은 패배의 원인이 여진은 기병이고, 고려군은 보병이라는 점을 지적했다. 이렇게 해서 새로운 군대로 별무반(別武班)을 창설하게 되었다. 별무반은 기병인 신기군, 보병인 신보군, 승병으로 조직된 항마군, 그리고 소수의 특수병을 포함한 새로운 부대였다. 이것은 양반, 농민, 승려, 상인, 노비까지도 동원된 전 국가적인 조직이었다. 하지만 별무반은 숙종대에 활약하지는 못하고 이후 예종대에 여진 정벌의 주력이 되었다.

숙종대는 왕권의 강화를 위해 노력하던 시기였다. 숙종은 윤관 등을 발탁하여 자신이 추진하는 정책을 밀고 나갔는데, 이는 '신법(新法)'으로 표현되기도 한다. '태조의 유훈'을 강조하며 기존의 제도를 가볍게 고치는 것을 반대한 이들과 대립도 있었다. 하지만 숙종은 정변을 통해 즉위한 국왕이었던 만큼 당시 조정의 상황을 변화시키기 위해 과감한 정책들을 시행했다. 숙종이 집권한 후부터는 왕권을 강화하는 데 있어서도 화폐를 제조하거나 6촌 이내 근친혼을 금지시키고 승려가 된 동생 의천을 통해 불교계 통합하려 시도하는 등 많은 노력을 기울이는 모습을 보였다. 그러나 남경 건설 및 여진 정벌로 백성들을 고단하게 했기 때문에 『고려사』에는 이때를 '열 집 중 아홉 집이 비었다[十室九空]'라고 할 정도였다. 전부 부역에 동원되거나 심지어는 부역과 징병을 피해 도망쳐 유랑민이 된 경우가 많았기 때문이다.

숙종은 적극적인 대외 경략과 과감한 재정개혁을 통해 개인이나 사문(私門)이 아닌 국가의 부(富)를 확대하는 정책을 펼쳤다. 하지만 문벌의 횡포를 막고 왕권 강화를 위해 숙종이 내놓은 정책은 부작용이 너무 컸다.

일반 백성들과 관료들의 생각은 달랐다. 신법으로 국왕권은 강화됐으나, 4~5년에 걸쳐 여진 정벌과 수도 천도사업에 동원된 백성들의 고통은 말로 표현할 수 없을 정도였다. 관료들도 '민생안정'이 먼저라고 생각했다. 이들은 기존의 구법(舊法)만이라도 제대로 시행하면 위기를 타개할 수 있다고 숙종에게 건의했다. 나날이 살림살이가 피폐해 가는 백성들을 편안하게 휴식시켜야 한다는 민생의 안정을 중시하는, 이른바 '식민(息民)'의 논리였다. 때문에 숙종의 개혁 추진에 신료들은 침묵하거나 동조할 수밖에 없었다. 그러나 숙종이 죽고 예종이 즉위한 후 부왕의 정책을 계승하자 반발은 거세게 일었다. 신료들은 화폐 유통책의 중지를 건의하는가 하면 여진 정벌로 얻은 9성을 여진에게 반환하는 조건으로 전쟁을 중지하자고 건의했다. 관료들은 여진 정벌의 총사령관 윤관에게 패전의 책임을 거론했다.

예종이 거부하자 고위 관료들은 수십 일간 출근하지 않으면서 국왕을 압박했다. 마침내 9성의 반환이 이루어졌고, 처벌 대신 윤관의 공신호만 박탈하는 조건으로 사태가 마무리되었다. 화폐 유통도, 수도 천도도 흐지부지되면서 고려왕조 최초의 부국강병을 위한 개혁은 실패로 끝났다.

예종(睿宗)

문치(文治)와 무위(武威)를 겸비한 부강한 나라를 꿈꾸다

부왕의 유산을 물려받은 국왕

고려 16대 국왕인 예종은 이름이 우(俁), 자는 세민(世民)이다. 1079년(문종 33)에 태어나 1122년 (예종 17)에 사망했다. 숙종과 명의태후(明懿太后) 유씨(柳氏) 사이에서 맏아들로 태어났다. 1100년(숙종 5)에 태자로 책봉되었다. 동복형제로 상당후(上黨侯) 왕필(王佖), 원명국사(圓明國師) 징엄(澄儼), 대방공(帶方公) 왕보(王俌) 등이 있었다. 1105년(숙종 10)에 부왕 숙종이 세상을 뜨자 즉위했다. 비는 선종의 딸 경화왕후(敬和王后)와 이자겸의 딸 문경태후(文敬太后)이다. 문경태후와의 사이에서 인종과 승덕(承德)·흥경(興慶) 두 궁주를 낳았다.

일찍부터 뜻이 깊고 침착하여 도량이 넓었으며 학문을 좋
아했다고 한다. 부왕인 숙종의 여진 정벌에 대한 서소(誓疏, 맹
세하는 축원문)를 간직했다가, 즉위한 뒤 군법을 정비하고 신기
군(神騎軍, 별무반의 기병)을 사열하는 등 여진 정벌에 힘썼다.

여진 정벌의 꿈, 미완으로 남다

27살의 나이에 왕위에 오른 예종에게는 바로 선왕 숙종대
에 터졌던 여진과의 갈등 문제가 있었다. 11세기 말부터 북만
주 흑룡강 일대에 살던 여진의 완안부(完顏部) 세력이 강성해
지면서 동북아시아의 정세가 요동치기 시작했고, 그 여파는
점차 고려로도 미쳤다. 완안부의 세력이 확장하며 고려와 완
안부 사이에 있던 여진 부족들이 동요한 것이다.

고려는 숙종대에 두 차례에 걸쳐 완안부와의 전투에서 모
두 대패하는 참사를 겪었다. 이에 숙종은 별무반을 조직하여
대규모 전쟁을 준비했으나, 그 준비 도중에 병에 걸려 사망했
다. 국상(國喪) 기간에 잠시 고려와 완안부의 갈등은 잦아들었
으나, 얼마 지나지 않아 다시 수면으로 부상했다.

1107년(예종 2) 10월, 변방의 장수로부터 급박한 보고가 올
라왔다. "여진이 횡포하여 변방의 성을 침범하고 있습니다. 그

추장이 호리병박[胡蘆] 하나를 꿩의 꼬리에 매달아 여러 부락에 돌려 보이며 일을 의논하는데, 그 심중을 헤아릴 수 없습니다"라는 내용이었다. 이를 계기로 예종은 조정의 신하들과 논의를 거쳐 여진 정벌을 단행하기로 결정했다.

가장 신임하는 윤관(尹瓘)을 원수(元帥)로 삼아 약 17만 명의 대군을 동원한 큰 전쟁이었다. 여진과의 싸움에서 선제공격을 위해 이렇게 대규모의 군대를 조직한 것은 처음이었다. 12월 초, 고려의 대군은 동계(東界)에서 여진족의 영역으로 돌입했다. 수륙으로 다섯 갈래의 부대가 진군하여 불과 2개월 만에 5천여 명 이상을 베고 포로를 잡은 한편, 상당한 영역을 점령했다. 그 영역에 대하여 『고려사』에는 '동쪽으로는 화곶령(火串嶺)에 이르렀고, 북쪽으로는 궁한이령(弓漢伊嶺)에 이르렀고, 서쪽으로는 몽라골령(蒙羅骨嶺)에 이르렀다'라고 했고, 「영주청벽기(英州廳壁記)」에서는 '그 지방이 300리로 동쪽으로는 바다에 이르고, 서북쪽으로는 개마산(蓋馬山)에 닿았으며, 남쪽으로는 장주(長州)와 정주(定州) 두 주에 접했다'라고 했다.

그 영역이 어디까지인가에 대해서는 여러 설이 있으나, 대체로 함흥평야설·길주(吉州) 이남설·두만강 이북설 등이 있다. 윤관은 이 영역에 여러 성을 쌓아 방어 거점을 만들었다. 이 성들은 통칭 '9성'이라 불린다. 예종은 남부로부터 6만 5천여 명의 주민을 이곳으로 이주시켜 살게 했다. 이는 해당 영역에서 여진족을 제거한 후 고려인들로 채우고, 병목처럼 된 유일한 교통로를 막아 여진족의 왕래를 막겠다는 의도였다. 1108년(예종 3) 4월, 예종은 9성의 축조를 마치고 개경으로 개선한 윤관을 공신에 책봉하고 잔치를 열어 크게 격려했다. 예종은 부왕 숙종의 숙원을 해결했다는 기쁨과 고려의 무위(武威)를 떨쳤다는 흥분, 그리고 나라의 판도를 크게 넓혔다는 뿌듯함에 가득했을 것이다.

하지만 자신들의 삶의 터전을 빼앗긴 여진족은 악착같이 덤벼들었다. 더구나 이들의 요청에 따라 완안부의 군대까지 파병되었다. 애초에 고려가 세운 작전의 핵심인 지리정보도 잘못되어 있었다. 병목 같은 통로 하나만 있는 것이 아니라, 수륙으로 수많은 길이 나 있었던 것이다. 성을 지키던 고려군은 이제 여진군에게 포위되어 고립되었다. 각지에서 치열한 전투가 벌어지고, 전황은 교착 상태에 빠진 채 고려군은 큰 위기에 빠졌다. 기근과 질병도 고려군을 괴롭혔다.

이렇게 여진족은 전투를 벌이는 한편, 사자를 파견하여 9성을 반환해 주기를 거듭 요청했다. 완안부에서도 화친을 청해왔다. 1109년(예종 4) 5월, 예종은 신하들을 소집하여 9성을 여진에게 돌려주는 일을 논의했다. 조정의 논의는 분분했지만, 결국 이해 7월, 예종은 9성을 반환하기로 결정했다.

여진 추장들로부터 "지금부터 나쁜 마음을 먹지 않고 대대로 조공을 바치겠나이다. 이 맹세를 위배한다면 번토(蕃土)는 멸망할 것입니다"라는 맹세를 받고 모든 장비와 인원을 철수시켰다. 비록 여진으로부터 불침범과 조공의 맹세를 받아냈으나, 국력을 기울인 원정에서 실질적인 소득은 얻은 것이 없었다. 이렇게 하여 예종이 힘을 쏟았던 여진 정벌의 꿈은 미완으로 끝이 났다. 결국 1115년(예종 10) 완안부의 추장 아골타가 여진족을 통일해 자신을 황제라 칭하고 나라 이름을 금(金)이라 했다. 이때 요나라에서 금나라를 정벌하기 위해 고려에 원병을 요청했으나 따르지 않았다.

고려의 문풍을 진작시키다

즉위 초반에 대규모 여진 원정을 단행한 군주였지만, 사실 예종은 문치(文治)에도 깊은 관심을 가지고 있었다. 『고려사』의 예종 총서에서도 그가 어려서부터 유학을 좋아했다는 점을 특별하게 기록하고 있다. 이제현이 지은 사찬(史贊)에도 예종이 문치를 닦아 예악으로 풍속을 바로잡으려 했다고 높이 평가하며, 한안인(韓安仁)의 말을 빌려 '17년 동안의 왕업이 후세에 모범이 될 만하다'라고 했다.

예종은 즉위 직후인 1105년(예종 즉위) 10월에 제서를 내려 문과(文科) 급제 출신의 지방관들에게 해당 군현의 교육을 담당하도록 지시했다. 그리고 여진 정벌을 위한 준비가 한창이던 1107년(예종 2) 1월에는 학교 설치에 대해 속히 논의하도록 조정 신하들을 재촉하고 있는 점에서 예종이 즉위 초부터 교육에 깊은 관심을 가지고 있음을 알려준다. 1109년(예종 4) 7월에는 국학에 『주역(周易)』은 이택재(麗澤齋), 『상서(尙書)』는 대빙재(待聘齋), 『모시(毛詩)』는 경덕재(經德齋), 『주례(周禮)』는 구인재(求仁齋), 『대례(戴禮)』는 복응재(服膺齋), 『춘추(春秋)』는 양정재(養正齋), 『무학(武學)』은 강예재(講藝齋)에서 담당하는 7재를 설치했다.

이로부터 예종의 관심과 각종 정책을 통해 고려의 경학(經學) 수준이 한층 높아졌다. 또한 이곳에 무학(武學)을 전공으로 하는 강예재가 함께 설치되었다. 여진 정벌 실패의 반성에서 이루어진 것이다. 이 뒤로도 예종은 국학에 몸소 찾아가 선성(先聖)께 예를 올리며 학생들을 격려했고, 1119년(예종 14) 7월에는 양현고(養賢庫)를 설치하여 국학의 교육 경비에 충당하도록 했다. 1112년에는 혜민국(惠民局)을 설치해 빈민들의 시약(施藥, 무료로 약을 지어주는 일)을 담당하게 했고, 이듬해에는 예의상정소(禮儀詳定所)를 설치했다.

또 1116년(예종 11)에는 궁궐 안에 청연각(淸讌閣)을 지어 학사 등을 두고 아침저녁으로 경서를 강론하는 한편, 몇 달 뒤에는 다시 보문각(寶文閣)을 지어 학사들이 모여 강론하고 휴식을 취하기에 편리하도록 조치했다. 이듬해에는 송에서 보낸 황제의 어필 등을 보관하기 위하여 천장각(天章閣)을 인근에 지었다. 한편 뛰어난 학생들을 선발하여 송의 태학에 입학을 시키기도 했고, 송에서 보낸 대성악(大晟樂)과 각종 제기를 수용한 모습도 보인다. 예종은 청연각과 보문각에서 학사들과 자주 만나며 강론을 듣고 책의 편찬을 지시하기도 했고, 때로는 이곳에서 잔치를 열어 함께 즐기기도 했다.

한편 예종은 풍수지리와 도참, 불교 등 다양한 분야에도 깊이 관심을 가졌다. 1106년(예종 원) 3월에 지리에 관한 책들을 모아 정리하여 『해동비록(海東秘錄)』을 짓게 했고, 신하들에게 음양비술(陰陽祕術)로 약해진 땅의 기운을 되살릴 방안을 제출하도록 명하기도 했다. 그리고 서경(西京)의 용언(龍堰)에 궁궐을 지어 국운 연장을 또 궁궐내에 도교사원인 복원관(福源觀)을 세우기도 했다.

1120년(예종 15) 서경에서 팔관회를 열고 태조의 공신인 신숭겸·김락을 추도해 이두문으로 된 향가(鄕歌) 형식의 「도이장가(悼二將歌)」를 지었다.

또한 경주의 황룡사(皇龍寺)와 남경의 삼각산 승가굴(僧伽窟), 개경의 안화사(安和寺)를 중수하고 천수사(天壽寺)를 옮겨 짓는 등 불교에도 많은 공을 들였다. 직접 여러 사찰에 행차하거나 궁궐에 각종 도량을 설치하는 일도 잦았다. 유학적 원리에 따른 문치만을 추구한 것이 아니라, 고려의 전통적인 문화에도 폭넓은 관심을 보였다.

다 이루지 못한 개혁, 먹구름이 끼다

많은 어려움을 극복하고 거란의 공격을 물리쳤던 증조부 현종대의 고려, 문물이 융성하여 전성기를 구가했던 조부 문종대의 고려 모습에서 예종은 고려를 한층 더 끌어올리겠다는 야망을 품었다.

예종은 재위 17년 동안 고려사회에 대한 개혁에 몰두했다. 부왕인 숙종의 도움으로 첨사부 확충을 통해 세자의 지위를 강화시킬 수 있었던 예종은 부왕의 개혁정치를 계승, 추진했다. 첫째, 외척세력과 고위 관료들의 힘을 억제하고자 숙종대부터 시행된 별무반 설치와 대북강경정책 및 화폐 주조를 대신들의 반대에도 불구하고 지속적으로 시행했다. 둘째, 새로운 인재를 등용하기 위하여 국학을 진흥시키고자 했다. 셋째, 지리도참사상을 이용하여 국가적 위기를 해결하고 백성을 구제하기 위하여 도교를 진흥시켰다. 넷째, 문벌귀족과 연결된 교종세력을 억압하기 위하여 선종의 부흥에 힘썼다. 다섯째, 송나라 황제와의 친교를 통하여 왕실의 권위를 강화시켰다.

그러나 이러한 노력에도 불구하고 예종의 개혁정치는 실패로 끝났다. 예종은 개혁을 위하여 한안인 세력을, 그리고 안정된 왕권의 유지와 세습을 위하여 이자겸 세력을 필요로 했다. 그러나 개혁의 추진과 권력의 유지는 결국 이들과의 갈등과 불협화음을 드러냈으며, 개혁정치는 실패로 끝나게 되었다.

이와 같은 예종에 대한 역사적 평가가 『고려사』와 『고려사절요』에는 "예종은 천성이 명철하여 일찍이 동궁(東宮)에 있을 때도 어진 선비를 예로 대접하며 효도하고 공손함이 독실했다. 즉위하여서는 밤낮으로 염려하고 부지런하여서 정신을 가다듬어 좋은 정치를 하려 했다. 다만 국경을 개척하는 데에 뜻을 두어 변경의 공을 요행으로 여겨 분쟁이 계속되었으며, 화풍(華風)을 흠모하고 호종단(胡宗旦)을 신용하여 그의 말에 너무 혹해서 실수를 면하지 못했다. 그러나 뒤에는 군사 쓰는 일이 어려운 것을 알고 원망을 버리며 수호하여 이웃 나라로 하여금 감동하고 사모하여 와서 복종하게 했으며, 홀아비와 과부를 구휼하고, 노인을 부양하며, 학교를 개설하여 생원을 양성하고, 청연각과 보문각을 설치하여 날마다 문신들과 더불어 육경(六經)을 강론하며, 전쟁을 끝내고 문치를 닦아 예악(禮樂)으로 풍속을 바로잡으려 했다"라고 했다. 이렇게 예종에 대한 평가는 긍정과 부정이 모두 혼재되어 있다. 그 이면에는 정치세력의 갈등이 내재되어 있었기 때문이다.

더구나 예종의 이러한 노력에도 불구하고 여러 가지 문제점이 쌓이고 있었다. 우선 국제 정세면에서 완안부는 계속 세력을 키웠다. 국내 정치면에서는 점차 문벌의 형성이 심화되었으며, 이자겸으로 대표되는 외척세력이 성장하고 있었다. 백성들의 생활은 전란과 기근, 지방관들의 기강 해이 등 여러 요소가 복합적으로 작용하며 점차 어려워졌다. 이 시기에 백성의 유망(流亡)이 크게 늘어나고 있었던 모습이 보인다. 이러한 문제점들은 점차 누적되어 예종의 아들인 인종대에 더욱 두드러졌다. 인종대에 일어난 이자겸의 난과 묘청 난, 그리고 다음 국왕인 의종대에 무인정변이 그러한 모습의 반영이다.

인종(仁宗)

고려왕조의 폭풍전야, 문벌귀족과의 경쟁과 대결

난세 속의 어린 왕, 꿋꿋이 헤치고 나아가다

고려 17대 국왕인 인종은 이름이 구(構)였으나 후에 해(楷)로 바꾸었고, 자는 인표(仁表)이다. 1109년(예종 4)에 태어나 1146년(인종 24)에 사망했다. 예종과 순덕왕후 이씨 사이에서 맏아들로 태어났다. 1115년(예종 10)에 왕태자에 책봉되었다. 부왕 예종이 사망하자 이자겸(李資謙)의 지지로 1122년(인종 즉위)에 즉위했다.

비는 폐비된 이자겸의 3녀인 연덕궁주(延德宮主), 4녀인 복창원주(福昌院主)와 임원후(任元厚)의 딸 공예왕후(恭睿王后),

김선(金璿)의 딸 선평왕후(宣平王后)이다. 자녀는 공예왕후와
의 사이에서 의종, 대령후(大寧侯) 왕경(王暻), 명종(明宗), 원
경국사(元敬國師) 충희(沖曦), 신종(神宗)과 승경(承慶)·덕녕(德
寧)·창락(昌樂)·영화(永和) 등 4명의 궁주를 낳았다.

14살의 나이에 왕위에 올라 38살로 세상을 떠난 인종의 삶
은 여러 번의 큰 사건에 휩싸였다. 그러나 이러한 혼돈의 소용
돌이를 헤쳐나가는 노력을 기울였고, 고려의 운명을 되살리
는 다양한 시도를 했다.

장인인 할아버지와 권력을 둘러싼 싸움

1122년(예종 17) 4월, 예종이 44살의 나이로 세상을 떠났다.
그의 후계자로는 14살인 태자 왕해가 있었지만, 예종의 여러
동생이 차기 왕위를 노리고 있었다. 이를 예감한 예종은 병석
에서 "태자가 비록 나이가 어리지만 덕행을 오랫동안 갖추었
으니 여러 공(公)이 한마음으로 도와서 조상들의 기업[祖構]을
무너뜨리는 일이 없도록 하라"는 당부의 말을 남기기도 했다.

이런 분위기에서 어린 태자를 왕위로 올린 이는 그의 외조
부인 이자겸이었다. 즉위한 지 8개월이 지난 12월에 이자겸
은 예종의 동생인 대방공(帶方公) 왕보(王俌)를 추방했다. 아울
러 한안인, 문공미(文公美) 등 유력한 정치세력들도 축출되었

다. 조정의 권력은 급속하게 이자겸 쪽으로 기울었다.

즉위 후 인종은 외조부를 파격적으로 우대했다. 협모안사공신(協謀安社功臣) 수태사(守太師) 중서령(中書令) 소성후(邵城侯)라는 높은 지위를 내린 것은 물론, 석 달 뒤에는 이자겸의 대우를 다른 관리와 다르게 우대할 방안을 논의해 아뢰도록 했다. 이에 여러 신하는 "서(書)나 표문을 올릴 때 신이라 칭하지 않고, 또한 임금과 신하가 크게 잔치를 할 때 백관과 더불어 뜰에서 하례하지 않고 곧바로 (국왕) 장막[幕次]에 나아가 절하며, 임금께서는 답례로 절을 한 이후에 전각에 앉도록 하십시오"라고 건의했다. 이는 김부식(金富軾)의 반대 논리에 막혀 실현되지 못했으나, 당시 이자겸이 어느 정도의 위상이었는지를 알려준다.

이후에도 이자겸은 인종으로부터 거듭 높은 지위와 포상을 받았고 숭덕부(崇德府)를 설치했다. 더구나 자신의 두 딸, 즉 인종의 이모인 두 딸을 인종과 혼인시키기까지 했다. 외할아버지에 이어 장인이 된 것이다. 권력 독점을 위한 이자겸의 야망은 끝이 없었다.

이러한 외조부의 곁에서 인종은 청년이 되면서 이자겸의 행동이 문제가 있다고 생각했다. 1126년(인종 4) 2월, 인종의 측근인 김찬(金粲), 지녹연(智祿延) 등이 무력으로 거사를 일으켜 이자겸 세력을 제거하려 했다. 당시 인종이 김인존(金仁存)

등에게 의견을 구하고, 이들이 거사에 반대해도 듣지 않았다고 한다.

인종이 이자겸의 제거에 깊숙이 거사에 개입하고 있었던 것이다. 인종도 이때 나이가 18살이었다. 그러나 이 거사는 이자겸의 사돈이자 여진 정벌 당시에 큰 공을 세운 척준경(拓俊京)의 반격으로 실패했다. 척준경은 수하들을 모아 무장시키고 궁궐을 포위했다. 인종은 직접 신봉문(神鳳門)에 나아가 군사들을 해산시키려 시도했으나 척준경의 호령으로 실패했다. 척준경은 궁궐에 불을 질렀고, 인종은 할 수 없이 측근들과 궁궐을 나와 이자겸에게 유폐되다시피 했다.

인종을 따랐던 수많은 신하와 군사들이 이때 살해당했고, 인종 본인도 이자겸의 집 서원(西院)에 머물며 생명의 위협을 받았다. 이것이 '이자겸의 난'이다. 그러나 인종은 여기에서 좌절하지 않았다. 아직 남은 측근인 최사전(崔思全)의 진언을 받아들여 척준경을 회유했다. 결국 척준경과 이자겸 사이에 틈이 벌어지고, 인종은 척준경과 함께 이자겸을 제거하는데 성공했다. 그리고 얼마 뒤에는 척준경의 세력마저 숙청하여 모두 유배를 보냈다. 1127년(인종 5) 3월의 일이다. 이자겸의 난이 일어난 지 1년여 만에 그 세력을 모두 제거하는 데에 성공한 것이다. 그리고 인종은 서경에서 유신(維新)의 뜻을 담은 교서를 반포하며 새로운 정치현안을 선포했다.

벼랑 끝 고려의 운명, 어떻게 해야 피할 수 있을까

이자겸과 척준경을 제거하며 국내 정치가 안정되는 듯했으나, 당시 고려에는 더 심각한 문제가 대두하고 있었다. 흑룡강 지역을 거점으로 세력을 키운 동여진의 완안부가 금(金)을 세워 동북아의 새로운 강자로 떠올랐다.

금나라는 1125년(인종 3)에 거란을 멸망시켰다. 고려에 대해서도 사대를 요구하자, 고려는 1126년(인종 4) 3월에 금에 대해 사대하기로 결정했다. 여기에 1127년(인종 5) 3월에는 금에서 충성을 다짐하는 맹세의 글을 보내도록 요구했다. 금나라의 기세는 더욱 강성해져 1127년(인종 5) 9월에는 북송의 수도를 함락시켰다는 사실을 사신을 통해 알려왔다. 결국 1129년(인종 7) 11월에 고려는 "삼가 군신(君臣)의 의리에 맞추어 맹세하고 대대로 번병(藩屛)의 직책을 수행할 것입니다. 충성스러운 마음은 밝은 해와도 같습니다. 만약 제가 마음이 달라져서 변한다면 신이 죽음을 내릴 것입니다"라는 글을 보내야 했다.

예종대 여진 정벌의 실패와 함께 이제는 금나라를 상국으로 섬기게 된 현실에 고려인들은 불만을 가졌다. 한편으로는 거란과 북송을 무너뜨린 금의 창끝이 고려로 향할지 모른다는 두려움도 있었다. 이러한 현실 속에서 시원하게 문제를 해결할 수 있다고 나타난 사람이 묘청(妙淸)이었다.

묘청은 서경 출신의 승려였으나 불교적인 색채는 거의 보이지 않고 풍수지리와 도참, 음양가(陰陽家) 쪽에 더 가까웠다. 정지상(鄭知常)과 백수한(白壽翰) 등의 지지를 받으며 고려 조정에 등장한 묘청은 "금나라가 예물을 가지고 스스로 항복하여 올 것이며, 36국이 모두 신하가 될 것입니다"라며 서경 천도를 해결책으로 제시했다. 이를 '서경 천도 운동'이라 한다.

조정 신료들은 묘청에게 찬성하는 측과 반대하는 측으로 나뉘어 대립했다. 여기에는 국제 정세에 대한 이해와 대외 정책관의 차이, 개경과 서경이라는 지역적 연고의 차이, 유학과 풍수도참이라는 사상적 차이 등 여러 요소가 개입되어 있었다. 근본적으로 묘청의 주장은 그가 처음 제기한 독특한 것이 아니라, 국초부터 내려온 풍수지리적 관념과 서경·남경 운영을 통한 국운 부흥이라는 관념의 연장 선상에 있는 것이었다. 때문에 많은 관료의 지지를 얻을 수 있었던 것이다.

인종은 결국 서경에 대화궐(大華闕)을 짓게 하고 여러 차례 행차하는 등 묘청 측의 의견을 수용했다. 다른 한편으로는 이에 반대하는 신하들의 의견도 묵살하지 않고, 천도까지 단행하지 않는 신중함을 보였다. 묘청이 처음 기록에 나타나는 것이 1127년(인종 5)이다. 이후 9년에 걸친 천도 논의 과정에서 묘청 측은 점차 수세에 몰렸다. 대화궐을 지었으나 국제 상황이 달라진 것은 없고, 각종 자연재해가 일어나는 등의 문제가 생겼기 때문이다. 결국 1135년(인종 13) 1월에 묘청 측은 서경에서 반란을 일으켰다. 이른바 '묘청의 난'이다. 인종은 김부식을 최고 사령관으로 하는 진압군을 파견하여 1년여에 걸친 공방 끝에 서경을 평정했다.

험난한 시대를 건너 태평성대를 향한 꿈

인종의 재위 시기는 고려전기 사회의 붕괴 조짐이 드러난 시대라 말한다. '이자겸의 난'과 '묘청의 난'이라는 두 사건 때문이다. 그러나 인종은 국왕으로서의 능력이 부족했을지라도 『삼국사기』 편찬, 경사 6학 정비, 유신지교(維新之敎) 15개 항을 발표하여 국가 안정을 도모했다. 인종이 발표한 유신 개혁안 15개 조항의 내용은 재변이 연달아 일어나고 이자겸의 난으로 민심이 어지러워진 것은 국왕 자신의 허물 탓이라고 했고, 이에 자책하면서 중앙과 군현에 정치 개혁안을 내린 것이었다.

우선 인종이 당시 '성품이 어질고 효성스러우며 관대하고 자애로웠다'라는 평을 받고 있다. 인종은 스스로 검소하게 살며 비단 등 화려한 것을 멀리했고, 흉년이 들면 진휼에 힘쓰고 대비원(大悲院)과 제위보(濟危寶)를 수리하여 질병을 구제하도록 했다. 죄수에 대한 가혹한 심문을 금지하고 지방관들이 백성을 괴롭히지 못하게 하도록 감찰을 지시하기도 했다. 과도한 세금 수취를 금지하고 군사들의 수고를 덜어주며 백성들이 살기 힘겨워 유리(流離)하지 않도록 신경을 썼다. 이러한 내용은 특히 그가 서경에서 반포한 유신(維新) 교서에 잘 담겨 있다. 한편 인종은 문치(文治)를 이루기 위해서도 많은 노력을 기울였다. 중앙과 지방의 학교 제도를 개편하여 교육을 강화하려 했고, 신하들과 경연(經筵)을 열어 문풍을 진작시켰다. 과거 시험 제도 역시 한층 정교하게 가다듬었다. 다만 이 과정에서 예종대에 설치된 무학재(武學齋)를 없애고 무거(武擧)를 정지했다.

특히 인종은 서적 편찬을 중시했다. 서적소(書籍所)를 설치하여 책을 비치하고, 『효경(孝經)』과 『논어(論語)』를 나누어주기도 했다. 윤포(尹誧)의 묘지명을 통해 당시 『정관정요(貞觀政要)』의 주해본, 『당송악장(唐宋樂章)』, 『대평광기촬요시(大平廣記撮要詩)』 등 다양한 서적이 편찬되었다는 것을 알 수 있다.

무엇보다도 김부식 등에게 명하여 『삼국사기(三國史記)』를 편찬하게 한 것이다. 이는 현재 전해지는 가장 오래된 역사서로, 고대사 연구의 중요한 사료가 된다. 인종은 이러한 다양한 서적을 편찬하여 문치를 추구하고자 노력했다. 이는 인종 치세에 대한 자신감의 표현이기도 했다.

인종의 시대에 윤언이(尹彦頤) 등의 신하들은 '칭제건원(稱帝建元)'을 주장하기도 했다. 그러나 이는 묘청 세력의 주장과 중첩되었고, 이들이 제거되는 과정에서 윤언이 등도 함께 정계에서 밀려나는 원인이 되었다. 단재 신채호가 이런 일을 야기한 묘청을 광망(狂妄)한 자라고 극렬히 비판했다. 칭제건원이 태평성대를 보장하는 것은 아니다. 그러나 여기에는 고려의 국운이 다시 융성하여 태평성대를 맞이하게 되기를 기원했던 인종과 당시 사람들의 소망이 비추어져 있다.

　1136년(인종 14) 2월 묘청의 난이 진압되면서 음양·도참·불교·도교 사상을 지닌 묘청 등 서경 세력과 결합하여 새로운 정치를 시도했던 인종의 정치는 실패로 끝났다. 김부식을 중심으로 한 개경의 유교 관료 집단이 다시 정국의 주도권을 장악하면서, 유교 정치이념이 다시 정치사상의 중심으로 등장하게 된 것이다.

　인종과 김부식은 송나라에서 부국강병론에 입각하여 변법을 시도한 왕안석(王安石)의 신법보다는 구법(舊法), 즉 기존 질서를 고수하려던 사마광(司馬光)의 생각을 더 높이 평가하고 있다. 왕안석의 변법이 송나라를 망하게 했다고 본 것이다. 이는 10여 년 전, 서경 세력과 손을 잡고서 서경 천도와 칭제건원, 금나라 정벌 등 그야말로 변법에 가까운 정책을 시도했던 자신의 정책을 스스로 포기하는 것이었다. 또한 신법과 같

은 급격한 변화보다는 기존 질서인 구법을 존숭하는, 유교 정
치이념에 입각한 정치로 회귀했음을 보여주는 것이다. 새로
운 시대를 꿈꾸었지만, 그 실패의 여파는 아들 의종에게 까지
이르게 된다.

프랑스엔 〈크세주〉, 일본엔 〈이와나미 문고〉,
한국에는 〈살림지식총서〉가 있습니다.

📖 전자책 | 🔍 큰글자 | 🔊 오디오북

001 미국의 좌파와 우파 | 이주영 📖
002 미국의 정체성 | 김형인 📖 🔍
003 마이너리티 역사 | 손영호 📖
004 두 얼굴을 가진 하나님 | 김형인 📖
005 MD | 정욱식 📖 🔍
006 반미 | 김진웅
007 영화로 보는 미국 | 김성곤 📖
008 미국 뒤집어보기 | 장석정
009 미국 문화지도 | 장석정
010 미국 메모랜덤 | 최성일
011 위대한 어머니 여신 | 장영란 📖 🔍
012 변신이야기 | 김선자
013 인도신화의 계보 | 류경희 📖 🔍
014 축제인류학 | 류정아
015 오리엔탈리즘의 역사 | 정진농 📖 🔍
016 이슬람 문화 | 이희수 📖 🔍
017 살롱문화 | 서정복
018 추리소설의 세계 | 정규웅 🔍
019 애니메이션의 장르와 역사 | 이용배 📖
020 문신의 역사 | 조현설
021 색채의 상징, 색채의 심리 | 박영수 📖 🔍
022 인체의 신비 | 이성주 📖
023 생물학무기 | 배우철
024 이 땅에서 우리말로 철학하기 | 이기상
025 중세는 정말 암흑기였나 | 이경재 📖 🔍
026 미셸 푸코 | 양운덕
027 포스트모더니즘에 대한 성찰 | 신승환 📖
028 조폭의 계보 | 방성수
029 성스러움과 폭력 | 류성민 📖
030 성상 파괴주의와 성상 옹호주의 | 진형준 📖
031 UFO학 | 성시정
032 최면의 세계 | 설기문 📖
033 천문학 탐구자들 | 이면우
034 블랙홀 | 이중환 📖
035 법의학의 세계 | 이윤성 📖 🔍
036 양자 컴퓨터 | 이순칠 📖
037 마피아의 계보 | 안혁 📖 🔍
038 헬레니즘 | 윤진 📖
039 유대인 | 정성호 📖 🔍
040 M. 엘리아데 | 정진홍 📖 🔍
041 한국교회의 역사 | 서정민 📖 🔍
042 야훼와 바알 | 김남일 📖
043 캐리커처의 역사 | 박창석
044 한국 액션영화 | 오승욱 📖
045 한국 문예영화 이야기 | 김남석 📖
046 포켓몬 마스터 되기 | 김윤아 📖

047 판타지 | 송태현 📖
048 르 몽드 | 최연구 📖 🔍
049 그리스 사유의 기원 | 김재홍
050 영혼론 입문 | 이정우
051 알베르 카뮈 | 유기환 📖 🔍
052 프란츠 카프카 | 편영수 📖
053 버지니아 울프 | 김희정
054 재즈 | 최규용 📖
055 뉴에이지 음악 | 양한수 📖
056 중국의 고구려사 왜곡 | 최광식 📖 🔍
057 중국의 정체성 | 강준영 📖
058 중국의 문화코드 | 강진석
059 중국사상의 뿌리 | 장현근 📖 🔍
060 화교 | 정성호 📖
061 중국인의 금기 | 장범성 🔍
062 무협 | 문현선 📖
063 중국영화 이야기 | 임대근 📖
064 경극 | 송철규 📖
065 중국적 사유의 원형 | 박정근 📖 🔍
066 수도원의 역사 | 최형걸
067 현대 신학 이야기 | 박만
068 요가 | 류경희 📖
069 성공학의 역사 | 정해윤
070 진정한 프로는 변화가 즐겁다 | 김학선 📖 🔍
071 외국인 직접투자 | 송의달
072 지식의 성장 | 이한구 📖
073 사랑의 철학 | 이정은 📖
074 유교문화와 여성 | 김미영 📖
075 매체 정보란 무엇인가 | 구연상 📖 🔍
076 피에르 부르디외와 한국사회 | 홍성민 📖
077 21세기 한국의 문화혁명 | 이정덕
078 사건으로 보는 한국의 정치변동 | 양길현 📖 🔍
079 미국을 만든 사상들 | 정경희 📖
080 한반도 시나리오 | 정욱식 📖 🔍
081 미국인의 발견 | 우수근 📖
082 미국의 거장들 | 김홍국 📖
083 법으로 보는 미국 | 채동배
084 미국 여성사 | 이창신 📖
085 책과 세계 | 강유원 🔍
086 유럽왕실의 탄생 | 김현수 📖 🔍
087 박물관의 탄생 | 전진성 📖
088 절대왕정의 탄생 | 임승휘 📖 🔍
089 커피 이야기 | 김성윤 📖
090 축구의 문화사 | 이은호
091 세기의 사랑 이야기 | 안재필 📖 🔍
092 반연극의 계보와 미학 | 임준서 📖

093 한국의 연출가들 | 김남석 📖
094 동아시아의 공연예술 | 서연호 📖
095 사이코드라마 | 김정일
096 철학으로 보는 문화 | 신응철 📖🔍
097 장 폴 사르트르 | 변광배 📖
098 프랑스 문화와 상상력 | 박기현
099 아브라함의 종교 | 공일주 📖
100 여행 이야기 | 이진홍 📖🔍
101 아테네 | 장영란 📖🔍
102 로마 | 한형곤 📖
103 이스탄불 | 이희수 📖
104 예루살렘 | 최창모 📖
105 상트 페테르부르크 | 방일권 📖
106 하이델베르크 | 곽병휴 📖
107 파리 | 김복래 📖
108 바르샤바 | 최건영 📖
109 부에노스아이레스 | 고부안 📖
110 멕시코 시티 | 정혜주 📖
111 나이로비 | 양철준 📖
112 고대 올림픽의 세계 | 김복희 📖
113 종교와 스포츠 | 이창익 📖
114 그리스 미술 이야기 | 노성두 📖
115 그리스 문명 | 최혜영 📖
116 그리스와 로마 | 김덕수 📖🔍
117 알렉산드로스 | 조현미 📖
118 고대 그리스의 시인들 | 김헌 📖
119 올림픽의 숨은 이야기 | 장원재 📖
120 장르 만화의 세계 | 박인하 📖
121 성공의 길은 내 안에 있다 | 이숙영 📖🔍
122 모든 것을 고객중심으로 바꿔라 | 안상헌 📖
123 중세와 토마스 아퀴나스 | 박주영 📖🔍
124 우주 개발의 숨은 이야기 | 정홍철 📖
125 나노 | 이영희 📖
126 초끈이론 | 박재모 · 현승준 📖
127 안토니 가우디 | 손세관 📖🔍
128 프랭크 로이드 라이트 | 서수경 📖
129 프랭크 게리 | 이일형
130 리차드 마이어 | 이성훈 📖
131 안도 다다오 | 임채진 📖
132 색의 유혹 | 오수연 📖
133 고객을 사로잡는 디자인 혁신 | 신언모
134 양주 이야기 | 김준철 📖🔍
135 주역과 운명 | 심의용 📖🔍
136 학계의 금기를 찾아서 | 강성민 📖🔍
137 미·중·일 새로운 패권전략 | 우수근 📖🔍
138 세계지도의 역사와 한반도의 발견 | 김상근 📖🔍
139 신용하 교수의 독도 이야기 | 신용하 🔍
140 간도는 누구의 땅인가 | 이성환 📖🔍
141 말리노프스키의 문화인류학 | 김용환 📖
142 크리스마스 | 이영제
143 바로크 | 신정아 📖
144 페르시아 문화 | 신규섭 📖
145 패션과 명품 | 이재진 📖
146 프랑켄슈타인 | 장정희 📖

147 뱀파이어 연대기 | 한혜원 📖🔊
148 위대한 힙합 아티스트 | 김정훈 📖
149 살사 | 최명호
150 모던 걸, 여우 목도리를 버려라 | 김주리 📖
151 누가 하이카라 여성을 데리고 사누 | 김미지 📖
152 스위트 홈의 기원 | 백지혜 📖
153 대중적 감수성의 탄생 | 강심호 📖
154 에로 그로 넌센스 | 소래섭 📖
155 소리가 만들어낸 근대의 풍경 | 이승원 📖
156 서울은 어떻게 계획되었는가 | 염복규 📖🔍
157 부엌의 문화사 | 함한희 📖
158 칸트 | 최인숙 📖
159 사람은 왜 인정받고 싶어하나 | 이정은 📖🔍
160 지중해학 | 박상진 📖
161 동북아시아 비핵지대 | 이삼성 외
162 서양 배우의 역사 | 김정수
163 20세기의 위대한 연극인들 | 김미혜 📖
164 영화음악 | 박신영
165 한국독립영화 | 김수남 📖
166 영화와 샤머니즘 | 이종승 📖
167 영화로 보는 불륜의 사회학 | 황혜진 📖
168 J.D. 샐린저와 호밀밭의 파수꾼 | 김성곤 📖
169 허브 이야기 | 조태동 · 송진희 📖🔍
170 프로레슬링 | 성민수 📖
171 프랑크푸르트 | 이기식 📖
172 바그다드 | 이동은 📖
173 아테네인, 스파르타인 | 윤진 📖
174 정치의 원형을 찾아서 | 최자영 📖
175 소르본 대학 | 서정복 📖
176 테마로 보는 서양미술 | 권용준 📖🔍
177 칼 마르크스 | 박영균
178 허버트 마르쿠제 | 손철성 📖
179 안토니오 그람시 | 김현우 📖
180 안토니오 네그리 | 윤수종 📖
181 박이문의 문학과 철학 이야기 | 박이문 📖🔍
182 상상력과 가스통 바슐라르 | 홍명희 📖
183 인간복제의 시대가 온다 | 김홍재
184 수소 혁명의 시대 | 김미선 📖
185 로봇 이야기 | 김문상 📖
186 일본의 정체성 | 김필동 📖🔍
187 일본의 서양문화 수용사 | 정하미 📖🔍
188 번역과 일본의 근대 | 최경옥 📖
189 전쟁국가 일본 | 이성환 📖
190 한국과 일본 | 하우봉 📖🔍
191 일본 누드 문화사 | 최유경 📖
192 주신구라 | 이준섭
193 일본의 신사 | 박규태 📖
194 미야자키 하야오 | 김윤아 📖🔊
195 애니메이션으로 보는 일본 | 박기태 📖
196 디지털 에듀테인먼트 스토리텔링 | 강심호 📖
197 디지털 애니메이션 스토리텔링 | 배주영 📖
198 디지털 게임의 미학 | 전경란 📖
199 디지털 게임 스토리텔링 | 한혜원 📖
200 한국형 디지털 스토리텔링 | 이인화 📖

201 디지털 게임, 상상력의 새로운 영토 | 이정엽 🔊
202 프로이트와 종교 | 권수영 🔲
203 영화로 보는 태평양전쟁 | 이동훈 🔲
204 소리의 문화사 | 김토일 🔲
205 극장의 역사 | 임종엽 🔲
206 뮤지엄건축 | 서상우 🔲
207 한옥 | 박명덕 🔲🔎
208 한국만화사 산책 | 손상익
209 만화 속 백수 이야기 | 김성훈
210 코믹스 만화의 세계 | 박석환 🔲
211 북한만화의 이해 | 김성훈 · 박소현
212 북한 애니메이션 | 이대연 · 김경임
213 만화로 보는 미국 | 김기홍
214 미생물의 세계 | 이재열 🔲
215 빛과 색 | 변종철 🔲
216 인공위성 | 장영근 🔲
217 문화콘텐츠란 무엇인가 | 최연구 🔲🔎
218 고대 근동의 신화와 종교 | 강성열
219 신비주의 | 금인숙 🔲
220 십자군, 성전과 약탈의 역사 | 진원숙
221 종교개혁 이야기 | 이성덕 🔲
222 자살 | 이진홍 🔲
223 성, 그 억압과 진보의 역사 | 윤가현 🔲🔎
224 아파트의 문화사 | 박철수 🔲
225 권오길 교수가 들려주는 생물의 섹스 이야기 | 권오길 🔲
226 동물행동학 | 임신재 🔲
227 한국 축구 발전사 | 김성원 🔲
228 월드컵의 위대한 전설들 | 서준형
229 월드컵의 강국들 | 심재희
230 스포츠마케팅의 세계 | 박찬혁
231 일본의 이중권력, 쇼군과 천황 | 다카시로 고이치
232 일본의 사소설 | 안영희 🔲
233 글로벌 매너 | 박한표 🔲
234 성공하는 중국 진출 가이드북 | 우수근
235 20대의 정체성 | 정성호 🔲
236 중년의 사회학 | 정성호 🔲🔎
237 인권 | 차병직 🔲
238 헌법재판 이야기 | 오호택 🔲
239 프라하 | 김규진 🔲
240 부다페스트 | 김성진 🔲
241 보스턴 | 황선희 🔲
242 돈황 | 전인초 🔲
243 보들레르 | 이건수 🔲
244 돈 후안 | 정동섭
245 사르트르 참여문학론 | 변광배 🔲
246 문체론 | 이종오 🔲
247 올더스 헉슬리 | 김효원 🔲
248 탈식민주의에 대한 성찰 | 박종성 🔲🔎
249 서양 무기의 역사 | 이내주 🔲
250 백화점의 문화사 | 김인호 🔲
251 초콜릿 이야기 | 정한진 🔲
252 향신료 이야기 | 정한진 🔲
253 프랑스 미식 기행 | 심순철
254 음식 이야기 | 윤진아 🔲🔎

255 비틀스 | 고영탁 🔲
256 현대시와 불교 | 오세영
257 불교의 선악론 | 안옥선 🔲
258 질병의 사회사 | 신규환 🔲🔎
259 와인의 문화사 | 고형욱 🔲🔎
260 와인, 어떻게 즐길까 | 김준철 🔲🔎
261 노블레스 오블리주 | 예종석 🔲
262 미국인의 탄생 | 김진웅 🔲
263 기독교의 교파 | 남병두 🔲🔎
264 플로티노스 | 조규홍 🔲
265 아우구스티누스 | 박경숙 🔲
266 안셀무스 | 김영철 🔲
267 중국 종교의 역사 | 박종우 🔲
268 인도의 신화와 종교 | 정광흠
269 이라크의 역사 | 공일주 🔲
270 르 코르뷔지에 | 이관석 🔲
271 김수영, 혹은 시적 양심 | 이은정 🔲🔎🔊
272 의학사상사 | 여인석 🔲
273 서양의학의 역사 | 이재담 🔲🔎
274 몸의 역사 | 강신익 🔲🔎
275 인류를 구한 항균제들 | 예병일 🔲
276 전쟁의 판도를 바꾼 전염병 | 예병일 🔲
277 사상의학 바로 알기 | 장동민 🔲
278 조선의 명의들 | 김호 🔲
279 한국인의 관계심리학 | 권수영 🔲🔎
280 모건의 가족 인류학 | 김용환
281 예수가 상상한 그리스도 | 김호경 🔲
282 사르트르와 보부아르의 계약결혼 | 변광배 🔲🔎
283 초기 기독교 이야기 | 진원숙 🔲
284 동유럽의 민족 분쟁 | 김철민 🔲
285 비잔틴제국 | 진원숙 🔲🔎
286 오스만제국 | 진원숙 🔲
287 별을 보는 사람들 | 조상호
288 한미 FTA 후 직업의 미래 | 김준성 🔲
289 구조주의와 그 이후 | 김종우 🔲
290 아도르노 | 이종하 🔲
291 프랑스 혁명 | 서정복 🔲🔎
292 메이지유신 | 장인성 🔲🔎
293 문화대혁명 | 백승욱 🔲🔎
294 기생 이야기 | 신현규 🔲
295 에베레스트 | 김법모 🔲
296 빈 | 인성기 🔲
297 발트3국 | 서진석 🔲
298 아일랜드 | 한일동 🔲
299 이케다 하야토 | 권혁기 🔲
300 박정희 | 김성진 🔲🔊
301 리콴유 | 김성진 🔲
302 덩샤오핑 | 박형기 🔲
303 마거릿 대처 | 박동운 🔲🔊
304 로널드 레이건 | 김형곤 🔲🔊
305 셰이크 모하메드 | 최진영 🔲
306 유엔사무총장 | 김정태 🔲
307 농구의 탄생 | 손대범 🔲
308 홍차 이야기 | 정은희 🔲🔎

309 인도 불교사 | 김미숙 📖
310 아힌사 | 이정호
311 인도의 경전들 | 이재숙 📖
312 글로벌 리더 | 백형찬 📖 🔍
313 탱고 | 배수경 📖
314 미술경매 이야기 | 이규현 📖
315 달마와 그 제자들 | 우봉규 📖
316 화두와 좌선 | 김호귀 📖
317 대학의 역사 | 이광주 📖 🔍
318 이슬람의 탄생 | 진원숙 📖
319 DNA분석과 과학수사 | 박기원 📖 🔍
320 대통령의 탄생 | 조지형 📖
321 대통령의 퇴임 이후 | 김형곤 📖
322 미국의 대통령 선거 | 윤용희 📖
323 프랑스 대통령 이야기 | 최연구 📖
324 실용주의 | 이유선 📖
325 달마와 세계 | 원융희 📖 🔊
326 SF의 법칙 | 고장원
327 원효 | 김원명 📖
328 베이징 | 조창완 📖
329 상하이 | 김윤희 📖
330 홍콩 | 유영하 📖
331 중화경제의 리더들 | 박형기 📖 🔍
332 중국의 엘리트 | 주장환 📖
333 중국의 소수민족 | 정재남
334 중국을 이해하는 9가지 관점 | 우수근 📖 🔍 🔊
335 고대 페르시아의 역사 | 유흥태 📖
336 이란의 역사 | 유흥태 📖
337 에스파한 | 유흥태 📖
338 번역이란 무엇인가 | 이향 📖
339 해체론 | 조규형 📖
340 자크 라캉 | 김용수 📖
341 하지홍 교수의 개 이야기 | 하지홍 📖
342 다방과 카페, 모던보이의 아지트 | 장유정 📖
343 역사 속의 채식인 | 이광조 (절판)
344 보수와 진보의 정신분석 | 김용신 📖 🔍
345 저작권 | 김기태 📖
346 왜 그 음식은 먹지 않을까 | 정한진 📖 🔍 🔊
347 플라멩코 | 최명호
348 월트 디즈니 | 김지영 📖
349 빌 게이츠 | 김익현 📖
350 스티브 잡스 | 김상훈 📖 🔍
351 잭 웰치 | 하정필 📖
352 워렌 버핏 | 이민주
353 조지 소로스 | 김성진 📖
354 마쓰시타 고노스케 | 권혁기 📖 🔍
355 도요타 | 이우광 📖
356 기술의 역사 | 송성수 📖
357 미국의 총기 문화 | 손영호 📖
358 표트르 대제 | 박지배 📖
359 조지 워싱턴 | 김형곤 📖
360 나폴레옹 | 서정복 🔊
361 비스마르크 | 김장수 📖
362 모택동 | 김승일 📖

363 러시아의 정체성 | 기연수 📖
364 너는 사방 위험한 로봇이다 | 오은 📖
365 발레리나를 꿈꾼 로봇 | 김선혁 📖
366 로봇 선생님 가라사대 | 안동근 📖
367 로봇 디자인의 숨겨진 규칙 | 구신애 📖
368 로봇을 향한 열정, 일본 애니메이션 | 안병욱 📖
369 도스토예프스키 | 박영은 📖 🔊
370 플라톤의 교육 | 장영란 📖
371 대공황 시대 | 양동휴 📖
372 미래를 예측하는 힘 | 최연구 📖 🔍
373 꼭 알아야 하는 미래 질병 10가지 | 우정현 📖 🔍 🔊
374 과학기술의 개척자들 | 송성수 📖
375 레이첼 카슨과 침묵의 봄 | 김재호 📖 🔍
376 좋은 문장 나쁜 문장 | 송준호 📖 🔍
377 바울 | 김호경 📖
378 테킬라 이야기 | 최명호 📖
379 어떻게 일본 과학은 노벨상을 탔는가 | 김범성 📖 🔍
380 기후변화 이야기 | 이유진 📖 🔍
381 상송 | 전금주
382 이슬람 예술 | 전완경 📖
383 페르시아의 종교 | 유흥태
384 삼위일체론 | 유해무 📖
385 이슬람 율법 | 공일주 📖
386 (개정판) 반야심경 · 금강경 | 곽철환 📖 🔍
387 루이스 칸 | 김낙중 · 정태용 📖
388 톰 웨이츠 | 신주현 📖
389 위대한 여성 과학자들 | 송성수 📖
390 법원 이야기 | 오호택 📖
391 명예훼손이란 무엇인가 | 안상운 📖 🔍
392 사법권의 독립 | 조지형 📖
393 피해자학 강의 | 장규원 📖
394 정보공개란 무엇인가 | 안상운 📖
395 적정기술이란 무엇인가 | 김정태 · 홍성욱 📖
396 치명적인 금융위기, 왜 유독 대한민국인가 | 오형규 📖 🔍
397 지방자치단체, 돈이 새고 있다 | 최인욱 📖
398 스마트 위험사회가 온다 | 민경식 📖
399 한반도 대재난, 대책은 있는가 | 이정직 📖
400 불안사회 대한민국, 복지가 해답인가 | 신광영 📖 🔍
401 21세기 대한민국 대외전략 | 김기수 📖
402 보이지 않는 위협, 종북주의 | 류현수 📖
403 우리 헌법 이야기 | 오호택 📖
404 핵심 중국어 간체자(簡體字) | 김현정 🔍
405 문화생활과 문화주택 | 김용범 📖
406 미래주거의 대안 | 김세용 · 이재준
407 개방과 폐쇄의 딜레마, 북한의 이중적 경제 | 남성욱 · 정유석 📖
408 연극과 영화를 통해 본 북한 사회 | 민병욱 📖
409 먹기 위한 개방, 살기 위한 핵외교 | 김계동 📖
410 북한 정권 붕괴 가능성과 대비 | 전경주 📖
411 북한을 움직이는 힘, 군부의 패권경쟁 | 이영훈 📖
412 인민의 천국에서 벌어지는 인권유린 | 허만호 📖
413 성공을 이끄는 마케팅 법칙 | 추성엽 📖
414 커피로 알아보는 마케팅 베이직 | 김민주 📖
415 쓰나미의 과학 | 이호준 📖
416 20세기를 빛낸 극작가 20인 | 백승무 📖

417 20세기의 위대한 지휘자 | 김문경 📖 🔍
418 20세기의 위대한 피아니스트 | 노태헌 📖 🔍
419 뮤지컬의 이해 | 이동섭 📖
420 위대한 도서관 건축 순례 | 최정태 📖 🔍
421 아름다운 도서관 오디세이 | 최정태 📖 🔍
422 롤링 스톤즈 | 김기범 📖
423 서양 건축과 실내디자인의 역사 | 천진희 📖
424 서양 가구의 역사 | 공혜원 📖
425 비주얼 머천다이징&디스플레이 디자인 | 강희수 📖
426 호감의 법칙 | 김경호 📖 🔍
427 시대의 지성, 노암 촘스키 | 임기대 📖
428 역사로 본 중국음식 | 신계숙 📖 🔍
429 일본요리의 역사 | 박병학 📖 🔍
430 한국의 음식문화 | 도현신 📖
431 프랑스 음식문화 | 민혜련 📖
432 중국차 이야기 | 조은아 📖 🔍
433 디저트 이야기 | 안호기 📖
434 치즈 이야기 | 박승용 📖
435 면(麵) 이야기 | 김한송 📖 🔍
436 막걸리 이야기 | 정은숙 📖 🔍
437 알렉산드리아 비블리오테카 | 남태우 📖
438 개헌 이야기 | 오호택 📖
439 전통 명품의 보고, 규장각 | 신병주 📖 🔍
440 에로스의 예술, 발레 | 김도윤 📖
441 소크라테스를 알라 | 장영란 📖
442 소프트웨어가 세상을 지배한다 | 김재호 📖
443 국제난민 이야기 | 김철민 📖
444 셰익스피어 그리고 인간 | 김도윤 📖
445 명상이 경쟁력이다 | 김필수 📖 🔍
446 갈매나무의 시인 백석 | 이숭원 📖
447 브랜드를 알면 자동차가 보인다 | 김흥식 📖
448 파이온에서 힉스 입자까지 | 이강영 📖
449 알고 쓰는 화장품 | 구희연 📖 🔍
450 희망이 된 인문학 | 김호연 📖 🔍
451 한국 예술의 큰 별 동랑 유치진 | 백형찬 📖
452 경허와 그 제자들 | 우봉규 📖 🔍
453 논어 | 윤홍식 📖
454 장자 | 이기동 📖 🔍
455 맹자 | 장현근 📖 🔍
456 관자 | 신창호 📖 🔍
457 순자 | 윤무학 📖
458 미사일 이야기 | 박준복 📖
459 사주(四柱) 이야기 | 이지형 📖 🔍
460 영화로 보는 로큰롤 | 김기범 📖
461 비타민 이야기 | 김정환 📖 🔍
462 장군 이순신 | 도현신 📖 🔍
463 전쟁의 심리학 | 이윤규 📖
464 미국의 장군들 | 여영무 📖
465 첨단무기의 세계 | 양낙규 📖
466 한국무기의 역사 | 이내주 📖
467 노자 | 임헌규 📖
468 한비자 | 윤찬원 📖 🔍
469 묵자 | 박문현 📖 🔍
470 나는 누구인가 | 김용신 📖 🔍
471 논리적 글쓰기 | 여세주 📖 🔍
472 디지털 시대의 글쓰기 | 이강룡 🔍
473 NLL을 말하다 | 이상철 📖 🔍
474 뇌의 비밀 | 서유헌 📖 🔍
475 버트런드 러셀 | 박병철 📖
476 에드문트 후설 | 박인철 📖
477 공간 해석의 지혜, 풍수 | 이지형 📖 🔍
478 이야기 동양철학사 | 강성률 📖 🔍
479 이야기 서양철학사 | 강성률 📖 🔍
480 독일 계몽주의의 유학적 기초 | 전홍석 📖
481 우리말 한자 바로쓰기 | 안광희 📖 🔍
482 유머의 기술 | 이상훈 📖
483 관상 | 이태룡 📖
484 가상학 | 이태룡 📖
485 역경 | 이태룡 📖
486 대한민국 대통령들의 한국경제 이야기 1 | 이장규 📖 🔍
487 대한민국 대통령들의 한국경제 이야기 2 | 이장규 📖 🔍
488 별자리 이야기 | 이형철 외 📖
489 셜록 홈즈 | 김재성 📖
490 역사를 움직인 중국 여성들 | 이양자 📖 🔍
491 중국 고전 이야기 | 문승용 📖 🔍
492 발효 이야기 | 이미란 📖 🔍
493 이승만 평전 | 이주영 📖
494 미군정시대 이야기 | 차상철 📖 🔍
495 한국전쟁사 | 이희진 📖 🔍
496 정전협정 | 조성훈 📖 🔍
497 북한 대남 침투도발사 | 이윤규 📖
498 수상 | 이태룡 📖
499 성명학 | 이태룡 📖
500 결혼 | 남정욱 📖 🔍
501 광고로 보는 근대문화사 | 김병희 📖 🔍
502 시조의 이해 | 임형선 📖
503 일본인은 왜 속마음을 말하지 않을까 | 임영철 📖
504 내 사랑 아다지오 | 양태조 📖
505 수프림 오페라 | 김도윤 📖
506 바그너의 이해 | 서정원 📖
507 원자력 이야기 | 이정익 📖
508 이스라엘과 창조경제 | 정성호 📖
509 한국 사회 빈부의식은 어떻게 변했는가 | 김용신 📖
510 요하문명과 한반도 | 우실하 📖
511 고조선왕조실록 | 이희진 📖
512 고구려조선왕조실록 1 | 이희진 📖
513 고구려조선왕조실록 2 | 이희진 📖
514 백제왕조실록 1 | 이희진 📖
515 백제왕조실록 2 | 이희진 📖
516 신라왕조실록 1 | 이희진 📖
517 신라왕조실록 2 | 이희진 📖
518 신라왕조실록 3 | 이희진
519 가야왕조실록 | 이희진 📖
520 발해왕조실록 | 구난희 📖
521 고려왕조실록 1 | 홍영의
522 고려왕조실록 2 | 홍영의
523 조선왕조실록 1 | 이성무 📖 🔍
524 조선왕조실록 2 | 이성무 📖 🔍

525 조선왕조실록 3 | 이성무 🔲 ◯
526 조선왕조실록 4 | 이성무 🔲 ◯
527 조선왕조실록 5 | 이성무 🔲 ◯
528 조선왕조실록 6 | 편집부 🔲 ◯
529 정한론 | 이기용 🔲
530 청일전쟁 | 이성환 🔲
531 러일전쟁 | 이성환 🔲
532 이슬람 전쟁사 | 진원숙 🔲
533 소주이야기 | 이지형 🔲
534 북한 남침 이후 3일간, 이승만 대통령의 행적 | 남정옥 🔲
535 제주 신화 1 | 이석범
536 제주 신화 2 | 이석범
537 제주 전설 1 | 이석범 (절판)
538 제주 전설 2 | 이석범 (절판)
539 제주 전설 3 | 이석범 (절판)
540 제주 전설 4 | 이석범 (절판)
541 제주 전설 5 | 이석범 (절판)
542 제주 민담 | 이석범
543 서양의 명장 | 박기련 🔲
544 동양의 명장 | 박기련 🔲
545 루소, 교육을 말하다 | 고봉만 · 황성원 🔲
546 철학으로 본 앙트러프러너십 | 전인수 🔲
547 예술과 앙트러프러너십 | 조명계 🔲
548 예술마케팅 | 전인수 🔲
549 비즈니스상상력 | 전인수 🔲
550 개념설계의 시대 | 전인수 🔲
551 미국 독립전쟁 | 김형곤 🔲
552 미국 남북전쟁 | 김형곤 🔲
553 초기불교 이야기 | 곽철환 🔲
554 한국가톨릭의 역사 | 서정민 🔲
555 시아 이슬람 | 유흥태 🔲
556 스토리텔링에서 스토리두잉으로 | 윤주 🔲
557 백세시대의 지혜 | 신현동 🔲
558 구보 씨가 살아온 한국 사회 | 김병희 🔲
559 정부광고로 보는 일상생활사 | 김병희 🔲
560 정부광고의 국민계몽 캠페인 | 김병희 🔲
561 도시재생이야기 | 윤주 🔲 ◯
562 한국의 핵무장 | 김재엽 🔲
563 고구려 비문의 비밀 | 정호섭 🔲
564 비슷하면서도 다른 한중문화 | 장범성 🔲
565 급변하는 현대 중국의 일상 | 장시,리우린,장범성 🔲
566 중국의 한국 유학생들 | 왕링윈, 장범성 🔲
567 밥 딜런 그의 나라에는 누가 사는가 | 오민석 🔲
568 언론으로 본 정부 정책의 변천 | 김병희 🔲
569 전통과 보수의 나라 영국 1-영국 역사 | 한일동 🔲
570 전통과 보수의 나라 영국 2-영국 문화 | 한일동 🔲
571 전통과 보수의 나라 영국 3-영국 현대 | 김언조 🔲
572 제차 세계대전 | 윤형호 🔲
573 제2차 세계대전 | 윤형호 🔲
574 라벨로 보는 프랑스 포도주의 이해 | 전경준 🔲
575 미셸 푸코, 말과 사물 | 이규현 🔲
576 프로이트, 꿈의 해석 | 김석 🔲
577 왜 5왕 | 홍성화 🔲
578 소가씨 4대 | 나행주 🔲
579 미나모토노 요리토모 | 남기학 🔲
580 도요토미 히데요시 | 이계황 🔲
581 요시다 쇼인 | 이희복 🔲
582 시부사와 에이이치 | 양의모 🔲
583 이토 히로부미 | 방광석 🔲
584 메이지 천황 | 박진우 🔲
585 하라 다카시 | 김영숙 🔲
586 히라쓰카 라이초 | 정애영 🔲
587 고노에 후미마로 | 김봉식 🔲
588 모방이론으로 본 시장경제 | 김진식 🔲
589 보들레르의 풍자적 현대문명 비판 | 이건수 🔲
590 원시유교 | 한성구 🔲
591 도가 | 김대근 🔲
592 춘추전국시대의 고민 | 김현주 🔲
593 사회계약론 | 오수웅 🔲
594 조선의 예술혼 | 백형찬 🔲
595 좋은 영어, 문체와 수사 | 박종성 🔲

고려왕조실록 1 태조~인종 편

펴낸날	초판 1쇄 2024년 11월 1일

지은이	홍영의
펴낸이	심만수
펴낸곳	(주)살림출판사
출판등록	1989년 11월 1일 제9-210호

주소	경기도 파주시 광인사길 30
전화	031-955-1350 팩스 031-624-1356
홈페이지	http://www.sallimbooks.com
이메일	book@sallimbooks.com

ISBN	978-89-522-4950-0 04080
	978-89-522-0096-9 04080 (세트)

085 책과 세계

강유원(철학자)

책이라는 텍스트는 본래 세계라는 맥락에서 생겨났다. 인류가 남긴 고전의 중요성은 바로 우리가 가 볼 수 없는 세계를 글자라는 매개를 통해서 우리에게 생생하게 전해 주는 것이다. 이 책은 역사라는 시간과 지상이라고 하는 공간 속에 나타났던 텍스트를 통해 고전에 담겨진 사회와 사상을 드러내려 한다.

056 중국의 고구려사 왜곡　　eBook

최광식(고려대 한국사학과 교수)

중국의 고구려사 왜곡의 숨은 의도와 논리, 그리고 우리의 대응 방안을 다뤘다. 저자는 동북공정이 국가 차원에서 진행되는 정치적 프로젝트임을 치밀하게 증언한다. 경제적 목적과 영토 확장의 이해관계 등이 복잡하게 얽혀 있는 동북공정의 진정한 배경에 대한 설명, 고구려의 역사적 정체성에 대한 문제, 고구려사 왜곡에 대한 우리의 대처방법 등이 소개된다.

291 프랑스 혁명　　eBook

서정복(충남대 사학과 교수)

프랑스 혁명은 시민혁명의 모델이자 근대 시민국가 탄생의 상징이지만, 그 실상을 아는 사람은 많지 않다. 프랑스 혁명이 바스티유 습격 이전에 이미 시작되었으며, 자유와 평등 그리고 공화정의 꽃을 피기 위해 너무 많은 피를 흘렸고, 혁명의 과정에서 해방과 공포가 엇갈리고 있었다는 등의 이야기를 통해 프랑스 혁명의 실상을 소개한다.

139 신용하 교수의 독도 이야기　　eBook

신용하(백범학술원 원장)

사학계의 원로이자 독도 관련 연구의 대가인 신용하 교수가 일본의 독도 영토 편입문제를 걱정하며 일반 독자가 읽기 쉽게 쓴 책. 저자는 역사적으로나 국제법상으로 실효적 점유상으로나, 어느 측면에서 보아도 독도는 명백하게 우리 땅이라고 주장하며 여러 가지 역사적인 자료를 제시한다.

144 페르시아 문화

eBook

신규섭(한국외대 연구교수)

인류 최초 문명의 뿌리에서 뻗어 나와 아랍을 넘어 중국, 인도와 파키스탄, 심지어 그리스에까지 흔적을 남긴 페르시아 문화에 대한 개론서. 이 책은 오랫동안 베일에 가려 있던 페르시아 문명을 소개하여 이슬람에 대한 편견과 오해를 바로 잡는다. 이태백이 이 란계였다는 사실, 돈황과 서역, 이란의 현대 문화 등이 서술된다.

086 유럽왕실의 탄생

김현수(단국대 역사학과 교수)

인류에게 '예술과 문명' 그리고 '근대와 국가'라는 개념을 선사한 유럽왕실. 유럽왕실의 탄생배경과 그 정체성은 무엇인가? 이 책은 게르만의 한 종족인 프랑크족과 메로빙거 왕조, 프랑스의 카페 왕조, 독일의 작센 왕조, 잉글랜드의 웨섹스 왕조 등 수많은 왕조의 출현과 쇠퇴를 통해 유럽 역사의 변천을 소개한다.

016 이슬람 문화

이희수(한양대 문화인류학과 교수)

이슬람교와 무슬림의 삶, 테러와 팔레스타인 문제 등 이슬람 문화 전반을 다룬 책. 저자는 그들의 멋과 가치관을 흥미롭게 설명하면서 한편으로 오해와 편견에 사로잡혀 있던 시각의 일대 전환을 요구한다. 이슬람교와 기독교의 관계, 무슬림의 삶과 낭만, 이슬람 원리주의와 지하드의 실상, 팔레스타인 분할 과정 등의 내용이 소개된다.

100 여행 이야기

eBook

이진홍(한국외대 강사)

이 책은 여행의 본질 위를 '길거리의 철학자'처럼 편안하게 소요한다. 먼저 여행의 역사를 더듬어 봄으로써 여행이 어떻게 인류 역사의 형성과 같이해 왔는지를 생각하고, 다음으로 여행의 사회학적·심리학적 의미를 추적함으로써 여행에 어떤 의미를 부여할 것인가에 대해 말한다. 또한 우리의 내면과 여행의 관계 정의를 시도한다.

293 문화대혁명 중국 현대사의 트라우마 `eBook`

백승욱(중앙대 사회학과 교수)

중국의 문화대혁명은 한두 줄의 정부 공식 입장을 통해 정리될 수 없는 중대한 사건이다. 20세기 중국의 모든 모순은 사실 문화대혁명 시기에 집약되어 있다고 해도 과언이 아니다. 사회주의 시기의 국가 · 당 · 대중의 모순이라는 문제의 복판에서 문화대혁명을 다시 읽을 필요가 있는 지금, 이 책은 문화대혁명에 대한 안내자가 될 것이다.

174 정치의 원형을 찾아서 `eBook`

최자영(부산외국어대학교 HK교수)

인류가 걸어온 모든 정치체제들을 매우 짧은 기간 동안 시험하고 정비한 나라, 그리스. 이 책은 과두정, 민주정, 참주정 등 고대 그리스의 정치사를 추적하고, 정치가들의 파란만장한 일화 등을 소개하고 있다. 특히 이 책의 저자는 아테네인들이 추구했던 정치방법이 오늘 우리 사회가 당면한 문제를 해결할 수 있는 지혜의 발견에 도움을 줄 수 있을 것이라고 말한다.

420 위대한 도서관 건축순례 `eBook`

최정태(부산대학교 명예교수)

이 책은 도서관의 건축을 중심으로 다룬 일종의 기행문이다. 고대 도서관에서부터 21세기에 완공된 최첨단 도서관까지, 필자는 가능한 많은 도서관을 직접 찾아보려고 애썼다. 미처 방문하지 못한 도서관에 대해서는 문헌과 그림 등 가능한 많은 정보를 수집하려 노력했다. 필자의 단상들을 함께 읽는 동안 우리 사회에서 도서관이 차지하는 의미에 대해 다시 생각하게 된다.

421 아름다운 도서관 오디세이 `eBook`

최정태(부산대학교 명예교수)

이 책은 문헌정보학과에서 자료 조직을 공부하고 평생을 도서관에 몸담았던 한 도서관 애찬가의 고백이다. 필자는 퇴임 후 지금까지 도서관을 돌아다니면서 직접 보고 배운 것이 40여 년 동안 강단과 현장에서 보고 얻은 이야기보다 훨씬 많았다고 말한다. '세계 도서관 여행 가이드'라 불러도 손색없을 만큼 풍부하고 다채로운 내용이 이 한 권에 담겼다.

016 이슬람 문화 | 이희수
017 살롱문화 | 서정복 eBook
020 문신의 역사 | 조현설 eBook
038 헬레니즘 | 윤진 eBook
056 중국의 고구려사 왜곡 | 최광식 eBook
085 책과 세계 | 강유원
086 유럽왕실의 탄생 | 김현수 eBook
087 박물관의 탄생 | 전진성
088 절대왕정의 탄생 | 임승휘 eBook
100 여행 이야기 | 이진홍 eBook
101 아테네 | 장영란 eBook
102 로마 | 한형곤 eBook
103 이스탄불 | 이희수 eBook
104 예루살렘 | 최창모 eBook
105 상트 페테르부르크 | 방일권 eBook
106 하이델베르크 | 곽병휴 eBook
107 파리 | 김복래 eBook
108 바르샤바 | 최건영 eBook
109 부에노스아이레스 | 고부안 eBook
110 멕시코 시티 | 정혜주 eBook
111 나이로비 | 양철준 eBook
112 고대 올림픽의 세계 | 김복희 eBook
113 종교와 스포츠 | 이창익 eBook
115 그리스 문명 | 최혜영
116 그리스와 로마 | 김덕수 eBook
117 알렉산드로스 | 조현미
138 세계지도의 역사와 한반도의 발견 | 김상근 eBook
139 신용하 교수의 독도 이야기 | 신용하
140 간도는 누구의 땅인가 | 이성환 eBook
143 바로크 | 신정아 eBook
144 페르시아 문화 | 신규섭
150 모던 걸, 여우 목도리를 버려라 | 김주리 eBook
151 누가 하이카라 여성을 데리고 사누 | 김미지 eBook
152 스위트 홈의 기원 | 백지혜 eBook
153 대중적 감수성의 탄생 | 강심호 eBook
154 에로 그로 넌센스 | 소래섭 eBook
155 소리가 만들어낸 근대의 풍경 | 이승원 eBook
156 서울은 어떻게 계획되었는가 | 염복규 eBook
부엌의 문화사 | 함한희
171 프랑크푸르트 | 이기식 eBook

172 바그다드 | 이동은 eBook
173 아테네인, 스파르타인 | 윤진 eBook
174 정치의 원형을 찾아서 | 최자영 eBook
175 소르본 대학 | 서정복 eBook
187 일본의 서양문화 수용사 | 정하미
188 번역과 일본의 근대 | 최경옥
189 전쟁국가 일본 | 이성환 eBook
191 일본 누드 문화사 | 최유경
192 주신구라 | 이준섭
193 일본의 신사 | 박규태 eBook
220 십자군, 성전과 약탈의 역사 | 진원숙
239 프라하 | 김규진 eBook
240 부다페스트 | 김성진 eBook
241 보스턴 | 황선희
242 돈황 | 전인초 eBook
249 서양 무기의 역사 | 이내주
250 백화점의 문화사 | 김인호
251 초콜릿 이야기 | 정한진
252 향신료 이야기 | 정한진
259 와인의 문화사 | 고형욱
269 이라크의 역사 | 공일주
283 초기 기독교 이야기 | 진원숙
285 비잔틴제국 | 진원숙 eBook
286 오스만제국 | 진원숙 eBook
291 프랑스 혁명 | 서정복 eBook
292 메이지유신 | 장인성
293 문화대혁명 | 백승욱
294 기생 이야기 | 신현규 eBook
295 에베레스트 | 김법모 eBook
296 빈 | 인성기 eBook
297 발트3국 | 서진석 eBook
298 아일랜드 | 한일동
308 홍차 이야기 | 정은희 eBook
317 대학의 역사 | 이광주
318 이슬람의 탄생 | 진원숙
335 고대 페르시아의 역사 | 유흥태
336 이란의 역사 | 유흥태
337 에스파냐 | 유흥태
342 다방과 카페, 모던보이의 아지트 | 장유정
343 역사 속의 채식인 | 이광조

371 대공황 시대 | 양동휴 eBook
420 위대한 도서관 건축순례 | 최정태 eBook
421 아름다운 도서관 오디세이 | 최정태 eBook
423 서양 건축과 실내 디자인의 역사 | 천진희 eBook
424 서양 가구의 역사 | 공혜원 eBook
437 알렉산드리아 비블리오테카 | 남태우 eBook
439 전통 명품의 보고, 규장각 | 신병주 eBook
443 국제난민 이야기 | 김철민 eBook
462 장군 이순신 | 도현신 eBook
463 전쟁의 심리학 | 이윤규 eBook
466 한국무기의 역사 | 이내주 eBook
486 대한민국 대통령들의 한국경제 이야기1 | 이장규 eBook
487 대한민국 대통령들의 한국경제 이야기2 | 이장규 eBook
490 역사를 움직인 중국 여성들 | 이양자 eBook
493 이승만 평전 | 이주영 eBook
494 미군정시대 이야기 | 차상철 eBook
495 한국전쟁사 | 이희진 eBook
496 정전협정 | 조성훈 eBook
497 북한 대남침투도발사 | 이윤규 eBook
510 요하 문명(근간)
511 고조선왕조실록(근간)
512 고구려왕조실록 1(근간)
513 고구려왕조실록 2(근간)
514 백제왕조실록 1(근간)
515 백제왕조실록 2(근간)
516 신라왕조실록 1(근간)
517 신라왕조실록 2(근간)
518 신라왕조실록 3(근간)
519 가야왕조실록(근간)
520 발해왕조실록(근간)
521 고려왕조실록 1(근간)
522 고려왕조실록 2(근간)
523 조선왕조실록 1 | 이성무 eBook
524 조선왕조실록 2 | 이성무 eBook
525 조선왕조실록 3 | 이성무 eBook
526 조선왕조실록 4 | 이성무 eBook
527 조선왕조실록 5 | 이성무 eBook
528 조선왕조실록 6 | 편집부 eBook

(주)살림출판사
www.sallimbooks.com
주소 경기도 파주시 문발동 522-1 | 전화 031-955-1350 | 팩스 031-955-1355